난세의 영웅 김문수

김문수 · 김용복 지음

김문수, 21대 대선 출마 선언
김문수 전 고용노동부 장관이 9일 서울 여의도 국회 소통관에서
제21대 대통령 경선후보 출마 선언을 하고 있다.

난세의 영웅
김문수

초판 1쇄 발행 2025년 4월 19일

지 은 이	김문수 · 김용복
발 행 인	권선복
편 집	한영미
디 자 인	서보미
편집교열	최상률
마 케 팅	권보송
전 자 책	서보미
발 행 처	도서출판 행복에너지
출판등록	제315-2011-000035호
주 소	(157-010) 서울특별시 강서구 화곡로 232
전 화	0505-613-6133, 010-3267-6277
팩 스	0303-0799-1560
홈페이지	www.happybook.or.kr
이 메 일	ksbdata@daum.net

값 22,000원
ISBN 979-11-93607-83-1 (03810)

Copyright ⓒ 김문수 · 김용복, 2025

* 이 책은 저작권법에 따라 보호받는 저작물이므로 무단전재와 무단복제를 금지하며, 이 책의 내용을 전부 또는 일부를 이용하시려면 반드시 저작권자와 <도서출판 행복에너지>의 서면 동의를 받아야 합니다.

도서출판 행복에너지는 독자 여러분의 아이디어와 원고 투고를 기다립니다.
책으로 만들기를 원하는 콘텐츠가 있으신 분은 이메일이나 홈페이지를 통해 간단한 기획서와 기획의도를 보내주십시오. 행복에너지의 문은 언제나 활짝 열려 있습니다.

지금, 대한민국에 필요한 리더는 누구인가?

난세의 영웅 김문수

김문수·김용복 지음

Prologue

"김문수, 대한민국을 다시 설계할 이름"

　대한민국은 격랑의 시대를 지나고 있다. 정치적 불안, 외교적 위기, 그리고 사회의 갈등이 깊어지는 불안한 지금, 국민은 새로운 리더십을 간절히 요구하고 있다. 이런 시대적 요구 속에서 '김문수'라는 이름이 다시금 대두되고 있다.

　김문수는 단순히 정치인이 아니다. 그는 대한민국 현대사의 축소판이다. 대학 시절, 군부독재와 싸우며 이념의 불꽃 속에서 젊음을 불사른 그는 수많은 수배 생활과 투옥을 감내하며 노동운동과 민주화 운동을 이끌었다. 당시의 치열한 경험은 그를 단련시켰고, 국가의 모순과 약점을 누구보다 깊이 이해하게 했다. 하지만 그는 여기서 멈추지 않았다. 노동운동의 중심에서 민주화의 열망을 실현한 후, 보수 정치의 중심으로 옮겨 국회의원과 경기지사를 역임하며 실질적인 변화를 이끌어냈다.

　탄핵 정국과 이후의 혼란 속에서도 김문수는 흔들리지 않는 중심을 잡았다. 그는 이념과 세대, 계층을 아우르는 리더십으로 국민적 신뢰를 쌓아왔다. 특히 그는 이념의 극단에서 싸워

본 자로서 좌우의 논리를 꿰뚫고 있으며, 현실 정치의 복잡한 퍼즐 속에서도 해결책을 제시할 수 있는 몇 안 되는 인물이다.

오늘날 대한민국이 마주한 위기는 그를 다시 소환한다. '김문수 대세론'은 단지 한 명의 정치인을 지지하는 움직임을 넘어선다. 그것은 혼란과 좌절의 시대를 극복하고, 새로운 대한민국을 건설하고자 하는 국민적 열망의 표현이다. 그가 대통령 후보로 적합한 이유는 단순히 그의 경험 때문만이 아니다. 그것은 국민의 목소리를 듣고, 문제의 본질을 꿰뚫으며, 실질적인 변화를 만들어낼 수 있는 그의 능력과 의지 때문이다.

위기의 대한민국이 필요로 하는 것은 단순한 관리자가 아니라 새로운 미래를 설계할 지도자다. 김문수는 그 답이 될 수 있다.

이 책은 김문수의 삶과 정치적 행보를 통해 대한민국의 위기를 돌파할 해법을 모색하고, 왜 김문수가 지금의 대한민국에 적합한 대통령인지 모색하고자 한다. 이 책이 만들어지기까지 고용노동부에서 33년간 근무하였던 전문지식을 활용하여 편집및 교정교열에 적극 협조하여 주신 최상률 박사에게 감사드린다.

2025년 4월,

김용복

CONTENTS

Prologue ··· 004

• PART I •
김문수, 대한민국의 새로운
역사를 쓴 남자

Chapter 1
사랑과 투쟁의 시작

01 경상도와 전라도의 운명적 만남 ································ 013
02 꿈이 바뀌는 순간, 설난영의 선택 ······························· 018
03 빵집 작은 방, 두 사람 이야기 ···································· 022
04 초대받지 않은 하객들 ·· 026
05 '대학서점'이라는 이름의 아지트 ································ 030
06 아버지가 된다는 것 ··· 034

Chapter 2
대한민국의 구원투수

01 원칙과 추진력의 힘, 선거에서 증명되다 ········· 039
02 이 땅의 희망을 위해 싸우는 정치인 ············ 048
03 김문수의 애국심 발원지(發源地) ··············· 053
04 적을 알고 싸우면 백전백승 ···················· 059
05 주사파가 점령한 대한민국 – '김문수TV/김문수칼럼' ······ 063
06 경제사회노동위원장에 임명되다 ················ 085
07 국정감사에서 진실을 외치다 ··················· 090
08 민노총과 화물연대여, 김문수를 아는가?··· ······ 095
09 대전에 울려 퍼진 자유와 애국의 노래 ··········· 100
10 대한민국을 지키는 강한 버팀목 ················ 106
11 비판인가, 왜곡인가 – 언론의 책임과 신뢰 ········ 111
12 역사는 기록하는 자의 것이다 – 김문수의 삼색 볼펜과 수첩 ··· 115

Chapter 3
난세의 영웅, 김문수

01 염근리(廉謹吏) 김문수, 민주화운동 보상금을 거부하다 ······ 121
02 윤석열 대통령과 김문수의 역사적 동행 ·········· 126
03 비난 속에서도 흔들리지 않는 김문수 ············ 130
04 국민을 위한 길을 걸어가다 ···················· 134
05 고용노동부 장관의 큰 그림 ···················· 138
06 건국정신과 미래비전, 이승만과 김문수 ·········· 143
07 애끓는 충정으로, 박정희 대통령 추도사 ········· 149
08 시대의 불꽃, 장기표와 김문수의 동행 ··········· 160
09 '김문수 대세론', 시대를 관통하다 ··············· 164
10 탄핵과 혼돈의 대한민국, 김문수가 답이다! ······· 168
11 김문수, 인민재판 같았던 '기립 사과' 거부 ········ 172
12 계엄이 내란? 법에도 없는 등식 ················· 177
13 헌법재판소가 대통령을 파면할 자격이 있는가? ··· 184
14 다시 정의를 찾는 길, 김문수를 주목하라 ········· 191

· PART II ·

김문수,
그는 누구인가?

Chapter 4
청춘과 민주화의 불꽃

01 젊음의 무게, 그리고 그날의 선택 ·················· 199
02 불확실한 시대, 흔들리는 청춘 ····················· 204
03 서울대 입시, 새로운 도전 ························· 207
04 서울, 그 거대한 도시 앞에서 ······················ 210
05 행동과 변화 ···································· 213
06 판자촌에서 정의를 꿈꾸다 ························ 217
07 공장의 시계는 거꾸로 흐른다 ····················· 221
08 제적과 면제 사이 ······························· 226
09 낙인, 그리고 살아남기 ··························· 230
10 학생운동에서 노동운동으로 ······················· 234

Chapter 5
민주화와 노동운동의 중심에 서다

01 부서진 자존심, 새로운 결심 ······················· 240
02 수배자의 선택 ·································· 244
03 돌아갈 수 없는 시간, 지울 수 없는 후회 ············ 249
04 불꽃 속에서 길을 찾다 ··························· 254
05 그는 노동자의 편에 섰다 ························· 257
06 믿는다는 것, 싸운다는 것 ························ 261
07 고문실의 창, 감옥의 문 ·························· 265
08 출근하지 못한 노동자 ··························· 268
09 봄은 끝나지 않았다 ····························· 271
10 어느 노동자의 도망, 그리고 생존 ·················· 274

Chapter 6
정치적 각성과 투쟁의 길

01 혼자의 길, 함께하는 꿈 ··· 279
02 길을 잃은 자들을 위한 싸움 ··· 283
03 아이를 위한 싸움, 삶을 위한 전환점 ···························· 286
04 한계 없는 결단, 민주화의 교차점에서 ························ 289
05 모든 것이 부서져도 ··· 292
06 그리움 속의 빈자리 ··· 295
07 구치소의 그늘에서 ·· 300
08 창살 너머, 아빠의 손 ·· 303
09 자유의 불꽃, 감옥 안에서 타오르다 ···························· 309

[부록] 각자의 자리에서 묵묵히 책임을 다하는 사람들

01 새로운 미래, 진실을 밝히는 힘 – 고영주(자유민주당 대표, 변호사) ········ 315
02 대한민국이 흔들릴 때, 누가 싸우는가 ························ 318
03 불의에 맞선 두 사람, 김진홍과 김문수 ······················· 322
04 약손의 기적, 유도열 가주 한의사협회회장 ················ 325
05 거북이의 철학, 이도훈 대전 이엘치과원장 ················ 328
06 건설 현장의 절규, 누가 이들의 편이 되어줄 것인가 ········ 331

Epilogue ·· 334
김문수, 대선 출마 선언 ·· 337

PART I

ง김문수,
대한민국의 새로운
역사를 쓴 남자

Chapter 1

사랑과 투쟁의 시작

01 경상도와 전라도의 운명적 만남
02 꿈이 바뀌는 순간, 설난영의 선택
03 빵집 작은 방, 두 사람 이야기
04 초대받지 않은 하객들
05 '대학서점'이라는 이름의 아지트
06 아버지가 된다는 것

01
경상도와 전라도의
운명적 만남

김문수가 설난영을 처음 본 건 바쁜 노조회의 날이었다. 한일 공업 노조위원장 직무대리로 활동 중이던 그는, 남서울 지부 사무실에서 예상치 못한 얼굴을 마주했다. 스물여섯, 단발머리에 단정한 모습의 그녀는 세진전자 노조위원장 설난영이었다.

대부분의 노조 간부들은 40~50대 베테랑이었지만, 그녀는 젊음과 패기를 가득 품은 20대였다. 그 역시 마찬가지였다. 20대라는 공통점은 곧 두 사람을 묘하게 연결했다.

설난영은 김문수를 보며 놀라움을 감추지 못했다. '노조위원장이 저렇게 젊어도 되나?' 싶을 만큼 풋풋했던 그가, 껌 한 통을 꺼내더니 대뜸 말했다.

"껌 드실래요?"

작은 껌 한 개였지만, 그가 건네는 방식은 유난히 사람의 마음을 열게 했다. 그는 껌을 나누며 사무실 곳곳을 밝게 만들었다. 그날 이후, 그녀에게 김문수는 그냥 '노조 동료'가 아니라 유쾌하고 다정한 존재로 남았다.

시간이 흐를수록 김문수는 설난영에게 더 마음이 갔다. 그녀는 다른 사람들에게 의존하지 않고 스스로 일을 해결했으며, 사치라곤 몰랐다. 무엇보다, 무언가를 이루려는 강단이 느껴졌다.

그는 속으로 생각했다. '남자를 힘들게 할 여자는 아니야. 오히려 함께라면 힘이 될 사람이지.'

1979년 겨울, 영등포 사무실 송년회가 끝난 밤이었다. 김문수는 마음을 정했다. 그날이 아니면 더 이상 기회가 없을 것 같았다. 버스 정류장에서 그녀를 기다리며, 속으로 무수히 설난영에게 전할 말을 연습했다.

조금 후 그녀가 나타났다.

"난영 씨, 차 한잔 할래요? 근처에 괜찮은 찻집이 있어요."

그녀는 피곤했지만 그의 눈빛이 묘하게 간절해 보여 고개를 끄덕였다.

찻집의 따뜻한 조명 아래, 김문수는 망설임 없이 말을 꺼냈다.

"설 분회장, 시집갈 데 없으면 나한테 와요."

설난영은 그의 갑작스러운 고백에 놀라기보단 웃음이 났다. '정말 단도직입적이네.'

그녀는 고개를 저으며 담담히 말했다.

"문수 씨, 전 결혼 생각 없어요. 노조 일만으로도 충분히 복잡하거든요."

그의 자신감 넘치던 얼굴은 잠시 굳었다. 하지만 그는 물러서지 않았다.

"지금 바로 대답하지 않아도 돼요. 난영 씨를 6개월 동안 지켜보고 내린 결론이에요. 당신은 자립심도 있고 분별력도 있어요. 평생 함께할 사람으로 충분해요."

그의 진지한 말에도 그녀는 같은 대답을 반복했다.

그날의 고백은 그녀의 마음을 움직이지 못했지만, 김문수는 그녀의 곁을 떠나지 않았다. 설난영에게 김문수는 단순히 노조 동료가 아니라, 자신의 가능성을 인정해주는 특별한 사람이었다.

그들의 이야기는 버스 정류장에서 끝나지 않았다. 인연은 사랑을 넘어, 함께 세상을 바꾸고자 했던 두 사람의 길로 이어졌다.

이 짧은 사랑과 열정의 이야기에서, 누군가는 평범한 두 청춘의 만남을, 누군가는 새로운 시대를 열어젖힌 동지애를 본다. 하지만 무엇보다 중요한 건, 껌 한 개로 시작된 이 운명적 만남이 그들의 삶을 완전히 바꿔놓았다는 것이다.

부인 설난영은 전라도 고흥에서 태어나 순천에서 성장했다. 김문수는 경상도 영천 출신으로, 두 사람은 사투리도 다르고 문화적 배경도 크게 달랐다. 그러나 이들의 만남은 단순한 인연을 넘어, 어쩌면 서로 다른 두 지역을 연결하는 상징적 의미를 담고 있었다.

특히 설난영은 결혼 후에도 고관대작의 아내라는 위치에 안주하지 않았다. 청렴하고 소박한 삶을 유지하며 남편 김문수의 곁에서 묵묵히 힘이 되어주었다. 그녀는 화려함과는 거리가 멀었다. 지금도 그들은 소박한 주택에서 산다. 하지만 그녀는 한 번도 불만을 토로하거나 허영심을 드러낸 적이 없었다.

여리여리한 외모와는 달리 강단 있는 성격의 그녀는 김문수의 가장 큰 조력자였다. "그런 아내가 없었다면 오늘의 김문수도 없었을 것"이라는 말이 절로 떠오른다. 그녀는 남편에게 있어 단순한 배우자가 아니라, 소신껏 세상을 살아가는 원동력이었다.

김문수는 늘 그녀를 '나의 동지'라 부르며 존경했다. 경상도의 강한 이미지와 전라도의 소박한 품격이 조화를 이룬 이 부부의 이야기는, 단순히 두 사람의 결합을 넘어 우리 사회의 화합을 상징적으로 보여주는 사례로 남을 것이다.

영호남의 결합, 김문수·설난영 부부

02
꿈이 바뀌는 순간,
설난영의 선택

전라남도 고흥에서 7남매 중 셋째로 태어나, 순천에서 자란 설난영.

그녀는 종종 자신의 인생을 돌아보며 웃음을 짓는다.

'내가 어떻게 여기까지 오게 됐지?'

어릴 적 그녀는 순천에서 평화로운 시간을 보냈다. 교사였던 아버지는 음악과 글을 사랑하는 감성적인 사람이었고, 어머니는 낭만적인 삶을 즐길 줄 아는 여성이었다. 그런 부모 밑에서 자란 난영은 스스로도 삶의 아름다움을 사랑하는 문학소녀였다.

그러나 그녀의 평온했던 삶은 어머니가 세상을 떠나며 흔들렸다. 고등학생이었던 그녀는 큰 슬픔 속에서 방황했다. 이후 대학 진학에 실패하고 서울 친척 집에서 재수를 시작했지만, 결과는 똑같았다. 연이은 실패 속에서 설난영은 문득 자신이 더 이상 꿈만 좇을 수 없다는 현실을 받아들였다.

그러던 중, 서울에서 우연히 만난 고등학교 친구들이 그녀의 삶을 바꿔 놓았다. 친구들은 구로공단의 전자공장에서 일하며 살아가고 있었다. 그들의 이야기를 들으며 설난영은 새로운 호기심을 느꼈다. 대학 대신 다른 삶을 살아보는 것도 나쁘지 않겠다는 생각이 들었다. 그렇게 그녀는 세진전자에 입사하게 되었다.

처음의 공장 생활은 단순했다. 하루 종일 기계를 다루고, 제품을 검사하며 보내는 반복된 시간. 그러나 그녀는 열악한 환경 속에서도 동료들과 웃으며 지낼 수 있었다. 그러던 중, 회사에 노조가 결성되었다. 그녀는 처음에는 그저 주변에서 들려오는 이야기로만 여겼다. 그러나 동료들은 그녀에게 노조 간부가 되어달라고 부탁했다.
"난영 씨라면 할 수 있어요. 정의롭고 사람들과도 잘 어울리잖아요."

그녀는 몇 번이나 거절했다.
'나는 그냥 문학을 사랑했던 사람일 뿐인데, 왜 나를?'

그러나 주변의 간곡한 설득에 결국 노조위원장 후보로 나섰고, 예상외로 동료들의 압도적인 지지를 받았다.

그때부터 설난영의 삶은 완전히 달라졌다. 그녀는 노동자들의 열악한 환경과 불합리한 대우를 직접 목격하며 자신이 해야 할 일이 무엇인지 깨달았다. 책 속의 세상에서만 보던 정의가 이제는 자신의 손으로 만들어가야 하는 현실이 된 것이다.

막심 고리키의 『어머니』같은 책들을 읽으며 그녀는 새로운 시각으로 세상을 바라보기 시작했다. 노동자의 권리를 위해 일하며 보낸 시간들은 그녀의 삶을 문학 속 주인공처럼 변화시키는 거대한 모험이었다.

오늘날 설난영은 여전히 그 시절을 떠올린다. 대학 진학의 실패가 아니었다면, 그녀는 다른 길을 갔을 것이다. 그러나 그 실패 덕분에 그녀는 자신의 삶을 넘어 다른 이들의 삶을 바꾸는 일을 할 수 있었다.
'문학을 전공하진 못했지만, 내 삶이 그 자체로 이야기가 되었구나.'
그녀는 그렇게 자신의 이야기를 스스로 다독이며 미소 짓는다.

오랜 세월 20평대 아파트에서 살며 소박한 삶을 이어가는 김문수·설난영 부부

03
빵집 작은 방,
두 사람 이야기

1980년대 초, 대한민국은 격랑의 시기를 지나고 있었다. 김문수와 설난영도 예외는 아니었다. 둘 다 노조 활동에 힘을 쏟던 중 정화 대상으로 지목되며 일터에서 쫓겨났고, 서로 다른 방식으로 삶의 무게를 감당하고 있었다. 김문수는 해고된 뒤 수배자로 숨어 다니며 불안한 나날을 보냈고, 설난영은 빵집을 운영하는 동생과 함께 살며 근근이 생계를 이어갔다.

어느 날 저녁, 설난영이 퇴근 후 빵집에서 동생을 돕고 있던 그때, 문이 열리며 김문수가 들어섰다. 낯선 길을 오래 걸어온 듯 초췌한 얼굴이었다. 그는 힘겹게 입을 열었다.

"난영 씨… 제가 여기 좀 머물 수 있을까요? 더는 갈 곳이 없어서요."

그 말에는 피곤함과 미안함이 가득했다. 설난영은 순간 당황했지만, 금세 결정을 내렸다.

"불편해도 괜찮으시면 여기서 지내세요."

그녀는 이유를 묻지 않았다. 서로가 걸어온 길을 잘 알고 있었기에, 그녀는 김문수의 처지를 이해했다. 그것만으로 충분했다.

빵집 옆 작은 방에서 김문수는 수개월간 몸을 숨겼다. 낮에는 조심스럽게 외부로 나가 노조원들을 만났고, 밤이 되면 다시 돌아와 방 안에 숨었다. 설난영은 그가 언제 올지 모르는 밤을 기다리며 방을 따뜻하게 준비했다.

김문수는 설난영에게 고마움을 전하기 위해 자주 메모를 남겼다.

"우리가 가는 길은 쉽지 않을 겁니다.
항상 마음을 다잡고 나아가야 합니다."

메모의 글귀들은 달달한 연애편지 대신 비장한 다짐과 결의로 가득했다. 그것은 둘만의 사랑의 방식이었다. 두 사람은 그 어두운 시절에 서로를 의지하며, 그들만의 언어로 사랑을 키워갔다.

1981년 1월, 비상계엄령이 해제되면서 김문수의 수배 생활은 끝났다. 두 사람은 결혼을 약속하고 서둘러 준비를 시작했다. 설난영의 아버지가 상경해 김문수를 만났을 때, 김문수는 속으로 긴장했다. 오랜 수배생활로 정식 직업이 없던 그는 미래에 대한 질문을 받게 될 것을 예감하고 있었다.

식사 자리에서 설난영의 아버지가 입을 열었다.
"자네, 우리 딸을 어떻게 책임지겠나?"
순간 김문수는 망설임 없이 답했다.
"저는 만인을 위해 살려고 노력했던 사람입니다. 그런데 제 아내 될 사람 하나 못 먹여 살리겠습니까?"
그 한마디에 설난영의 아버지는 더 이상 말을 잇지 않았다. 김문수의 진심과 담대함이 전달된 순간이었다.

그의 배짱과 솔직한 성격에 설난영의 아버지는 마음을 돌렸다. 이후 더 이상 어떤 말도 필요 없었다. 두 사람은 서로의 결심을 확인하고, 새로운 미래를 함께할 준비를 마쳤다.

빵집 옆 작은 방은 여전히 생생한 추억으로 남아 있다. 거기서 두 사람은 불안과 고난 속에서도 서로를 이해했고, 그들의 삶과 사랑을 지켜낼 수 있는 용기를 키웠다. 그녀는 그 시절을 떠올릴 때마다 생각한다.

'그때 우리는 단순히 사랑했던 게 아니라, 서로의 세계를 지탱하며 함께 성장하고 있었다.'

지금도 빵 냄새가 나는 작은 공간을 떠올릴 때면, 그녀는 그 방에서 싹튼 사랑과 연대의 힘을 기억한다.

영원한 동지, 부인 설난영 여사와

04
초대받지 않은 하객들

1981년 9월 26일, 봉천동 사거리는 평소와 다른 풍경으로 어수선했다. 경찰 철망차와 전경 차량이 교회 주변을 빙 둘러싼 모습은 마치 큰 사건이 벌어질 것을 예고하는 듯했다. 주민들은 수군거렸다.

"무슨 일이 있나 봐요. 교회에 무슨 일이 생겼나?"

그러나 그날 교회에서 벌어진 일은 다름 아닌 특별한 결혼식이었다. 김문수와 설난영, 노동운동의 최전선에서 투쟁하던 두 사람이 부부가 되는 순간이었다. 이 결혼식은 단순한 사랑의 약속을 넘어, 그들만의 신념과 연대의 선언이었다.

경제적으로 여유롭지 않았던 그들에게 화려한 결혼식은 처음부터 선택지에 없었다. 소박하게 몇몇 지인들에게만 소식을 전했다.

"결혼식 날짜는 9월 26일이에요. 봉천동 교회에서요. 시간은 오후 2시쯤이 될 겁니다."

이 소식을 들은 이들은 단순히 축하의 의미로만 모인 게 아니었다. 그들의 결혼식은 함께 투쟁했던 노동자와 동지들에게는 새로운 각오의 장이었고, 억압 속에서도 희망을 품게 하는 상징이었다.

설난영은 흰 웨딩드레스 대신 평소 입던 단정한 원피스를 골랐다. 그녀는 자신답게, 꾸밈없는 모습으로 결혼을 맞이하기로 했다. 김문수 역시 특별한 장식 없이 깔끔한 양복 차림이었다.

결혼식이 열리는 동안, 교회 주변에는 경찰과 전경이 삼엄한 감시를 이어갔다. 그들의 결혼식은 당국에게 평범한 행사가 아니었다. 얼마 전 명동 성당에서 위장 결혼식을 가장해 시위를 벌였던 사례가 있었기에, 당국은 또 다른 노동운동이 발생할 것을 염려했다.

주례를 맡은 한달수 씨는 스스로도 민주노조 운동의 중심에 있던 인물이었다. 그의 주례사는 단순한 축사와는 달랐다.

"두 사람은 서로의 동지로, 앞으로 험난한 길을 함께 헤쳐 나갈 것입니다. 이 결혼은 단순한 개인적 결합이 아닌, 노동운동의 새로운 시작입니다."

그의 말은 그날 그 자리에 모인 사람들 모두에게 특별한 울림을 주었다. 하객들은 단순히 결혼식을 축하하는 자리가 아니라, 그들의 여정을 함께 응원하겠다는 다짐을 가슴에 새겼다.

그날의 결혼식은 전경들로 인해 긴장감으로 둘러싸였지만, 그 누구도 주눅 들지 않았다. 신부와 신랑, 그리고 하객 모두가 함께 만들어낸 순간은 한 쌍의 부부 탄생을 넘어, 불안한 시대 속에서도 희망이 살아 있음을 증명하는 일이었다.

1981년 결혼식

05
'대학서점'이라는 이름의 아지트

　김문수와 설난영. 그들은 보통의 부부가 아니었다. 1980년대의 혼란 속에서, 두 사람은 같은 신념과 열정을 품고 서로를 만났다. 김문수는 노동운동에 헌신한 활동가였고, 설난영은 구로공단에서 고된 노동을 이어가며 자신의 자리에서 싸우던 사람이었다. 그들의 결혼은 단지 사랑의 결실이 아니라, 같은 길을 걷겠다는 약속이었다.

　결혼 후, 김문수는 노동운동을 이어가기 위해 봉천동 사거리에 '대학서점'을 열었다. 처음부터 쉽지 않은 도전이었다. 책을 살 자금조차 없던 그는 운동권 출판사들을 돌아다니며 책을 빌려오고, 겨우 책꽂이를 채웠다. 서점은 점점 단순한 책방 이상의 공간이 되어갔다. 해고된 노동자, 수배 중인 활동가, 그리고 그들의 동료들이 모이는 아지트가 된 것이다.

그곳에서 김문수는 책만 팔지 않았다. 그는 사람들의 이야기를 듣고, 그들에게 필요한 책을 공짜로 나눠주며, 생활비가 부족한 이들에게는 자신의 수입을 나누었다. 그곳은 서점 이상의 희망을 나누는 공간이었다.

1980년대 초 서울대 입구에 낸 '대학서점' 앞에서

설난영은 신혼생활과 노동자의 삶을 동시에 감당해야 했다. 구로공단까지 버스를 두 번 갈아타며 출퇴근하고, 공장에서의 고된 노동을 마치면 그녀를 기다리는 건 집안일과 책방 일이었다. 책방은 항상 사람들로 북적였고, 그녀는 설거지와 식사 준비로 하루를 마무리하곤 했다.

임신한 상태에서도 그녀는 멈추지 않았다. 몸이 힘들고 피곤했지만, 남편의 신념과 행동을 이해하고 지지했다. 하지만 가끔은 자신만의 시간을 꿈꾸기도 했다. '그래도 신혼인데…'라는 생각이 스쳐갔지만, 내색할 수는 없었다. 남편을 이해하지 못하는 아내라는 소리는 듣고 싶지 않았기 때문이다.

김문수와 설난영의 신혼집은 단칸방이었다. 비록 작은 공간이었지만, 김문수에게는 고향을 떠난 후 처음으로 느껴보는 따뜻한 보금자리였다. 하지만 그 공간도 온전히 그들만의 것은 아니었다.

신혼여행에서 돌아온 날, 설난영은 집에 들어서자마자 낯선 사람이 이불을 뒤집어쓰고 누워 있는 것을 발견했다. 깜짝 놀란 그녀와 달리 김문수는 태연했다. 알고 보니, 수배 중인 지인에게 집 열쇠를 맡긴 것이었다. 그녀는 남편의 행동을 이해하려고 애썼지만, 서운한 마음이 드는 건 어쩔 수 없었다.

시간이 흐르면서 설난영의 마음속에는 서운함과 피로가 쌓여갔다. 결국 어느 날, 그녀는 폭발하고 말았다. "이게 무슨 신혼이에요? 하루 이틀도 아니고, 왜 항상 내가 모든 일을 떠안아야 하죠?" 하지만 김문수는 그녀의 분노를 온전히 이해하지 못했다. 그는 "이미 알고 시작한 일이잖아. 이게 그렇게 힘들어?"라고 답할 뿐이었다.

김문수는 가난한 농촌에서 자라며 늘 손님을 맞이하던 어머니를 보며 자랐다. 그에게는 다른 사람을 돕는 일이 당연했다. 하지만 설난영에게는 그 당연함이 종종 무겁게 느껴졌다.

김문수와 설난영의 신혼은 세상의 기준으로 보면 평범한 행복과는 거리가 멀었다. 하지만 그들에게는 나름의 의미와 가치가 있었다. 단칸방에서 함께 밥을 먹고, 책방에서 힘겨운 사람들과 어울리며 그들은 사랑과 신념을 나누었다.

그들의 삶은 투쟁이었다. 그 투쟁 속에서도 서로를 지키고, 함께 앞으로 나아가는 두 사람의 이야기는 사랑의 이야기를 넘어선다. 그것은 시대와 맞선 사람들의 기록이며, 작은 단칸방에서 시작된 신념의 발자취였다.

06
아버지가
된다는 것

1980년대 초반, 김문수는 자신의 삶을 온전히 노동운동에 바치고 있었다. 노동자의 권리를 위해 거리로 나섰고, 때로는 감시와 위협 속에서도 신념을 꺾지 않았다. 가족을 꾸릴 생각은 하지 않았다. 자신의 삶이 너무나도 불안정했기 때문이었다. 하지만 운명은 예상치 못한 방향으로 흘렀다. 어느 날, 아버지가 될 거라는 소식을 들었을 때, 문수는 복잡한 심경에 휩싸였다. 기쁘면서도 두려웠다.

'내가 가정을 책임질 수 있을까?'

아들이 태어나면 '동지'라는 이름을 지어주기로 마음먹었다. 동지는 단순한 친구나 동료가 아닌, 같은 뜻을 품고 함께 나아가는 존재였다. 그 이름이 아이에게 혁명과 연대의 정신을 물려줄 것만 같았다. 예상과 달리 딸이 태어났다. 그는 아이를 품에 안고 한동안 가만히 바라보았다. 그러다 문득 '동주'

라는 이름이 떠올랐다. 동지가 함께 싸우는 사람이라면, 동주는 같은 하늘 아래 흐르는 물줄기처럼 함께 나아가는 존재가 아닐까. 그는 그렇게 딸에게 '동주'라는 이름을 선물했다.

외동딸 동주와

처음에는 자신이 좋은 아버지가 될 수 있을지 확신이 없었다. 노동운동을 하며 가족을 돌보는 것이 가능할까? 하지만 아이가 웃을 때마다, 손가락을 꼭 잡을 때마다 그는 알 수 없는 힘이 솟아나는 것을 느꼈다.

'이 아이를 지켜야겠다.'

가족을 꾸리는 것이 곧 투쟁을 포기하는 일이라 여겼던 과거의 자신이 떠올랐다. 하지만 동주를 보며 깨달았다. 혁명은 거리에서만 이루어지는 것이 아니라, 사랑하는 사람을 지키는 것에서도 시작될 수 있다는 것을.

그 무렵, 그는 다시 성남의 '만남의 집'에서 활동을 시작했다. 노동자들을 위한 강의를 하며, 해고자들과 연대했다. 책방은 여전히 감시받았고, 그의 삶은 위험 속에 놓여 있었다. 그러나 김문수는 예전과 달랐다. 누군가를 지켜야 한다는 책임감이 그를 더 강하게 만들었다. 소피아 수녀님과의 대화 속에서, 그는 자신의 길이 흔들리지 않도록 마음을 다잡았다.

어느 날, 피곤에 지친 몸을 이끌고 집에 돌아오니 동주가 작은 손으로 그의 손을 붙잡았다. "아빠, 손 따뜻해!" 아이의 눈에 비친 그의 손은 늘 먼지투성이었지만, 동주에게는 세상에서 가장 따뜻한 손이었다. 문수는 그 순간을 잊을 수 없었다. 동지를 꿈꿨던 그가 이제는 동주와 함께 새로운 세상을 꿈꾸고 있었다.

소피아 수녀님과 딸 동주와 함께

* 노동운동과 민주화 투사로서의 활동은

[PART 2. 김문수, 그는 누구인가?]에서 더욱 자세히 다룰 예정이다.

Chapter 2

대한민국의 구원투수

01 원칙과 추진력의 힘, 선거에서 증명되다
02 이 땅의 희망을 위해 싸우는 정치인
03 김문수의 애국심 발원지(發源地)
04 적을 알고 싸우면 백전백승
05 주사파가 점령한 대한민국
 - '김문수TV/김문수칼럼'
06 경제사회노동위원장에 임명되다
07 국정감사에서 진실을 외치다
08 민노총과 화물연대여, 김문수를 아는가?
09 대전에 울려 퍼진 자유와 애국의 노래
10 대한민국을 지키는 강한 버팀목
11 비판인가, 왜곡인가 – 언론의 책임과 신뢰
12 역사는 기록하는 자의 것이다
 - 김문수의 삼색 볼펜과 수첩

01
원칙과 추진력의 힘, 선거에서 증명되다

김문수는 노동운동가에서 정치인으로의 전환을 통해 한국 정치의 중요한 인물로 자리매김한 인물이다. 그의 정치적 여정은 노동운동과 사회적 변화가 얽힌 복잡한 시대적 흐름 속에서 전개되었다.

김문수의 정치적 여정은 1992년 민중당 창당에 참여하면서 본격적으로 시작되었다. 당시 민중당은 노동자들과 서민들의 목소리를 대변하기 위해 만들어진 정당으로, 김문수는 구로구 갑 지구당 위원장으로 활동하며 현장에서 직접 민심을 듣고 정책을 고민했다. 그러나 같은 해 치러진 14대 총선에서 낙선하며 정치의 힘난한 현실을 실감해야 했다.

그럼에도 김문수는 포기하지 않았다. 1994년 민주자유당(민자당)에 입당하며 새로운 길을 모색했고, 1996년 제15대 국

김문수의 민자당 입당을 보도한 당시 경향신문

회의원 선거에서 마침내 당선되며 본격적인 정치인으로서의 첫발을 내디뎠다. 이후 16대, 17대 국회의원에 연이어 당선되며 국회에서 주요한 역할을 수행했고, 노동운동가 출신이라는 강점을 살려 노동정책과 서민을 위한 법안을 적극 추진했다.

15대 총선(경기 부천시 소사구) 16대 총선(경기 부천시 소사구) 17대 총선(경기 부천시 소사구)

김문수는 신념을 행동으로 옮기는 정치인으로서, 강단 있는 언행과 추진력으로 많은 이들의 지지를 받고 있다. 그의 정치적 장점 중 하나는 한 번 결심한 일에 대해서는 물러서지 않고 끝까지 밀고 나가는 강력한 의지와 확고한 원칙이다. 이를 지키기 위해서라면 그는 어떠한 반대에도 절대 굴하지 않았다.

이러한 그의 모습은 그를 지지하는 유권자들에게 확신을 심어주었고, 정치적 성향이 중도에 있는 유권자들까지도 그의 실력을 인정하지 않을 수 없게 만들었다.

특히 김문수가 그동안 선거에서 보여준 강점은 그의 정치적 입지를 더욱 확고하게 만든 요인이라 할 수 있다.

김문수의 선거 전적을 살펴보면, 그의 능력과 입지를 더욱 분명히 확인할 수 있다.

1996년 제15대 총선에서 부천시 소사구에서 당선되며 정치권에 입문한 그는, 이후 16대와 17대 총선에서도 연이어 승리하며 지역 기반을 확고히 했다.

특히 그가 부천시 소사구에서 연달아 승리한 일은 정치적 의미가 매우 컸다.

1996년 첫 국회의원선거에서 부천소사 박지원 국회의원과 대결할 때

부천시는 전통적으로 야당의 강세 지역이었으며, 민주당의 김대중 전 대통령이 정치적 영향력을 크게 행사하는 곳이었다. 더욱이 김대중의 최측근이자 전략가로 평가받던 박지원 후보

와의 치열한 경쟁에서 승리한 사실은, 그의 정치적 실력을 입증하는 중요한 사례다.

이 승리는 김문수가 단순히 정당의 힘에 의존한 것이 아니라, 유권자 개개인의 신뢰를 얻고 직접적인 지지를 이끌어냈음을 보여준다. 다시 말해 부천시 지역구 시민들에게서 강력한 지지를 얻었다는 것을 뜻하며, 그가 서민들의 목소리를 대변하는 진정성 있는 정치인임을 보여준 것이다.

김문수의 정치적 강점은 선거뿐만 아니라 국회 활동에서도 빛을 발했다. 그는 국회의원으로 활동하며 입법과 정책 개발에서도 중요한 성과를 남겼다.

1998년 서울올림픽공원 전당대회에서 박근혜 국회의원, 부천 소사구 대의원들과

반기문 전 유엔 사무총장과

이회창 전 한나라당 총재와

국회 내에서는 한나라당(현 국민의힘) 원내부총무, 사무부총장, 공천심사위원장 등 중요한 직책을 맡으며, 당의 운영과 정책 방향에 큰 영향을 미쳤다.

또한 노동운동가 출신이라는 점을 활용하여 노동자의 권익 보호에도 힘썼으며, 사회적 대화의 중요성을 강조했다. 노동운동의 경험이 단순한 과거가 아니라, 실제 정책으로 연결될 수 있다는 것을 보여준 것이다.

2006년, 그는 경기도지사 선거에 출마하여 당선되었고, 2010년에는 재선에 성공하며 도정(道政)을 이끌었다.

2010년 6·2 지방선거를 앞두고 김문수 경기지사 후보가 지지자들과 함께 기호 1번을 상징하는 포즈를 취하고 있다.

민선 4 · 5기 경기도지사

경기도지사로서 그는 수도권 광역급행철도(GTX) 도입을 추진하며 수도권 교통인프라를 혁신하기 위해 노력했고, 경기순환버스 운영을 활성화하여 도민들의 이동 편의를 높이는 데 주력했다. 또한, 기업 유치를 통해 일자리 창출과 경제 발전을 도모하며, 경기도의 경쟁력을 강화하는 데 집중했다.

2010년 8월 23일에 운행을 시작한 경기순환버스

2016년 제20대 총선에서는 대구 수성구 갑에 출마하여 패배하였으나, 그는 결코 좌절하지 않았다. 이후에도 활발하게 노동과 경제 정책 관련 활동을 이어가며, 2022년 경제사회노동위원회 위원장으로 임명되어 다시 한번 사회적 협력의 중재자 역할을 맡았다.

김문수의 정치적 여정은 선거의 승패를 넘어, 서민들의 목소리를 대변하고 현실적인 정책을 실현하기 위한 끊임없는 도전의 과정이었다. 타협하지 않는 신념과 강한 추진력으로 유권자들에게 다가갔고, 흔들리지 않는 정치 철학을 지켜왔다.

그의 이름은 일반적인 정치인이 아니라, 거친 파도를 정면으로 맞서며 길을 개척한 인물로 기억될 것이다. 시대가 요구하는 리더십이 무엇인지 온몸으로 증명해 온 김문수. 그의 도전은 끝났는가, 아니면 또 다른 시작을 앞두고 있는가? 역사는 그 답을 지켜보고 있다.

02
이 땅의 희망을 위해 싸우는 정치인

김문수는 경기도지사 시절, 페이스북에 다음과 같은 글을 올렸다. 이 글은 그가 가진 신념의 핵심을 꿰뚫는다. 그는 더 이상 온갖 술수가 난무하는 정치판을 방관하기만 하는 정치인이 아니었다. 그의 글 속에는 절박함과 싸움의 결단이 담겨 있었다. 정치권의 부패와 기득권에 맞서 싸운 그가, 한국 정치에서 '희망의 정치인'으로서의 역할을 다짐하는 순간이었다.

"드디어 봇물이 터지고 있습니다. 문재인·조국·김경수·이재명·안희정·손혜원·임종석·송철호·유재수 모두 무너질 것입니다. 주사파·기생충을 가리던 베일이 임기 중반을 넘으며 하나씩 하나씩 벗겨지고 있습니다. 양심과 법치가 쓰레기들을 대청소할 것입니다."

그는 대표적인 노동운동가 출신이자, 자신의 신념을 굽히지 않는 정치인이다. 그가 걸어온 길은 결코 평탄하지 않았다. 그런 그가 당시, 자신이 몸담고 있던 자유한국당과 문재인 대통령, 그리고 어용 방송에 대해서도 날 선 비판을 쏟아냈다.

"한국당은 투쟁하지 않는 당, 문재인 대통령은 완전 빨갱이고 총살감이다. KBS를 그냥 둬서는 안 된다. 광우병 위험성 방송을 했던 최승호 MBC 사장을 패대기쳐야 야당이라 평가를 받을 수 있다."

그가 노동운동가에서 한국당으로 전향했다는 정치적 비판에 대해서도 당당하게 맞섰다.
"자유한국당은 나라를 지킬 위대한 정당이기에 옮겨온 것이 떳떳하다."
김문수의 말 속에는 단순한 전향이 아닌 '정의'를 위해 싸우겠다는 확고한 다짐이 담겨 있었다.

또한 박근혜 대통령 탄핵의 주범인 김무성을 향해서도 직격탄을 날렸다.
"당신은 평생 박 대통령의 저주를 받을 것이다."
이어서 그는 "한 나라의 대통령이 죄 없이 감옥에 갇힌 것을 얘기하지 않고 무슨 정치를 하겠느냐"며 자신의 소신을 굽히지 않았다. 그는 그 어떤 당파적 이익보다도 정의와 올바름을 우선시한 것이다.

그 당시 필자는 그와 통화를 한 적이 있다. 그에게 물었다.
"정치를 하려면 돈과 인맥이 필요한데 당신은 돈도 없고, 인맥도 없으면서 어떻게 정치를 할 생각인가?"
그의 대답은 확고했다.
"나보다 더 돈도 없고 인맥도 없던 박근혜 대통령도 정치를 했는데, 나는 그보다 낫지 않느냐? 적어도 나보다 박근혜 대통령이 깨끗한 사람이라고 확신한다. 박 대통령이야말로 돈 받을 이유도 없고, 돈 쓸 데도 없는데, 뭐 때문에 뇌물을 받았겠느냐."

"나쁜 권력자를 비판하는데 제가 뭘 잘못했습니까?"라고 당당히 말했던 고교생은 지금 "박 대통령은 사익을 취한 적 없다"고 당당히 주장한다.

그는 언론을 향해서도 맹비난했다.

"대한민국 언론은 용서할 수 없다. 진실이 어디 있느냐? 광복절 당시 문재인 하야를 촉구한 350만 명의 서명 건은 일언반구 언급도 없고, 대신 황교안이 박수를 쳤느니, 안 쳤느니, 이런 가십거리만 보도하고 있으니, 대체 공영방송이라는 데서 무슨 짓을 하는 것인가!"

필자는 그와 통화를 끝낸 후, 인간의 부류에 대해 생각해 보았다.

인간은 혈액형에 의해 기본 성격이 나누어지듯, 정치인들도 각자의 성격에 따라 다른 길을 걸어간다.

김대중 대통령이 북한 김정일 국방위원장을 만나러 평양으로 가기 전, 국정원에서 김정일의 신상과 성향 등에 대해 분석한 적이 있다. 그 결과 김정일은 내향성(Introversion), 직관형(iNtuition), 감정형(Feeling), 인식형(Perceiving)의 특성을 지닌 INFP 성격 유형이라고 판단했다. 이처럼 상대의 성격을 파악한 뒤 정치에 임하는 것, 그것이야말로 성공의 지름길이라 할 수 있다.

음식을 개의 혀에 대주는 것은 무조건 자극(US)을 주기 위함이라 한다.

당시 한국당에는 김정일의 성격과 같은 유형의 의원도 있었겠지만, 음식을 대주면 무조건 자극을 받아 개처럼 행동으로 옮기는 자들도 여러 명 있었을 것이다. 그래서 공천이라는 먹잇감을 놓치지 않으려고 박근혜 탄핵에 코를 벌름거리며 김무성, 유승민을 추종했을 것이다.

그러나 필자는 그때에도 희망을 놓지 않았다. 김진태 의원을 비롯해 먹잇감에 혀를 날름거리지 않는 소신이 뚜렷한 의원들도 상당수 있었으며, 황교안 대표의 단식 투쟁처럼 목숨을 걸고 싸우는 인물도 존재했다. 거기에 중부권에서 이완구 전 총리나 박찬주 육군대장처럼 좌파의 공격을 견뎌내며 굳건히 서 있는 정치인들도 있었다.

척박한 땅에서도 희망은 존재한다.
김문수는 단지 정치적인 발언을 넘어서, '희망'을 이야기하고 있었다. 시대가 그를 변하게 한 것이 아니라, 그는 변화를 위해 자신을 내던진 것이다. 그가 말하는 정치의 본질은 당리당략이 아니다. 그는 '소신'을 가지고 싸운다. 그러면서도 그 싸움에서 결코 절망하지 않는다. 고난과 어려움이 있지만, 그가 보여준 대쪽 같은 성격은 그때나 지금이나 우리에게 분명한 희망을 전한다.
그가 바로, 이 땅의 희망을 위해 싸우는 정치인, 김문수이다.

03
김문수의
애국심 발원지(發源地)

　김문수라는 이름은 시대의 상징이자, 끊임없는 자기 혁신의 아이콘이다. 변심한 정치인? 아니다. 그는 변심을 넘어 각성한 인물이었다. 그 각성의 방향이 애국으로 향했기에, 김문수를 아는 모든 이들이 그의 길을 응원하고 있다.

　김문수는 한때 민중·민주 혁명의 투사였다. 사회주의 혁명과 노동자 해방을 꿈꾸며 위장취업을 감행하고, 박정희·전두환 정부를 전복하려는 투쟁의 중심에 섰던 사람이다. 그는 서울대에서 제적당하고, 감옥에 갇히며 자신의 모든 것을 혁명에 바쳤다. 그때까지만 해도 그것이 애국이라 믿었다. 젊은 시절의 치열함이었다.

　필자 또한 60~70년대까지만 해도 김영삼·김대중을 몹시 좋아했고, 그렇게 하는 것이 정치인들의 올바른 태도요, 리더십인 줄 알았다. 그래서 경부고속도로 건설 시 현장에 드러누워 고속도로 건설을 강력히 반대하고, 젊은이들을 동원하여 선동하는 데 이용당하기도 했다. 그런데 나이가 들어 경륜이 쌓이다 보니 김대중·김영삼을 제일 경멸하게 되었다. 10년 앞도 내다볼 줄 모르는 이기적인 인간들이었기 때문이다.

전 정의당 심상정 대표는 과거의 김문수를 "노동운동의 전설, 운동권의 황태자, 하늘 같은 선배"라고 평했다.

하지만 김문수는 문재인 정부 때, 문 대통령을 향해 거침없이 "주사파 빨갱이"라 외치며, 그 자신이 지키고자 하는 신념을 드러냈다. 그는 청와대 앞 도로에 천막을 치고 5개월 동안 매일 "문재인 퇴진!"을 외치며 싸웠었다.

과거 민중·민주 혁명 투사를 자처했던 그가 변심한 것이다. 김문수의 변심은 단순한 정치적 선택이 아니었다. 그 뿌리에는 애국심이 흐르고 있다.

그의 조상 김연(본관 경주, 노항공, 증 한성부판관) 선생은 임진왜란 당시 영천성 전투와 자인 전투에서 의병을 이끌고 싸우다 순국했다. 그가 속했던 고천서원에는 영천지역의 의병들과 함께 순국한 이들의 이름이 새겨져 있다. 김연 선생은 경주 김씨 집안의 일원으로, 국가를 위해 목숨을 바친 인물이었다.

이 핏줄은 김문수의 몸속에도 흐르고 있다. 그러나 그는 이를 자랑하기보다는 조용히 간직한다. "다른 애국지사들의 명예에 누가 될까 봐 굳이 말하지 않는다"라는 것이 그의 태도다. 하지만 그의 행동 하나하나에서 애국의 정신이 배어난다.

경북 영천 임고면 황강리 고향 14대조 임진왜란 의병장 경주서천전투 순국의사 증 한성부판윤 김연 노항공 불천위 신도비에서

향 황강 종갓집 불천위 사당에서 종부, 형님, 조카와 함께

또한 김문수는 "노조는 머리부터 세탁해야 한다"며 노동운동에 대한 날카로운 비판도 쏟아낸다. 당시 문재인 정권을 몰아내기 위해 전광훈 목사와도 손을 잡았다. "김정은 대변인 노릇하는 문재인 몰아내는 데 너와 내가 있을 수 없다"는 그의 말에는 결의가 묻어 있었다.

그는 탄핵을 주도한 김무성과 유승민을 향해서도 강한 비판을 이어갔다.

"탄핵의 잘못을 인정하지 않고는 보수 통합은 불가능하다."

그의 주장은 단지 정치적 발언에 그친 것이 아니었다. 김문수는 자신이 옳다고 믿는 길 위에서 한 치의 흔들림도 없었다.

김문수는 과거 박정희 대통령을 비판했던 시절을 돌아보며 이렇게 고백했다.

"젊은 시절 박정희의 무덤에 침을 뱉던 내가, 이제는 꽃을 바치게 됐다."

그는 대한민국의 발전에 기여한 이승만과 박정희, 두 전직 대통령을 '한반도 5천 년 역사에서 가장 위대한 지도자'로 평가하며, 그들의 공과 과를 객관적으로 바라볼 필요가 있다고 강조했다.

특히 박정의 대통령은 가장 우수한 지도자로, '울산·포항·창원·구미·구로 등 전국에 공단을 만들었고, 자동차·조선·

제철·중화학·전자 등 산업을 일군 최고의 산업혁명가요, 고속도로·지하철·항만·공항 등을 건설한 최고의 국토 건설자'라고 평했다.

그의 말처럼, 인간은 누구나 과오를 가질 수 있다. 그러나 중요한 것은 그 과오를 넘어 진실된 길을 찾는 것이다. 김문수는 자신이 찾은 길 위에서 한 걸음도 물러서지 않았다.

김문수의 몸속에는 조국을 위해 목숨을 바친 조상의 피가 흐르고 있다. 그는 그 피의 명예를 지키며, 자유민주주의를 수호하는 최전선에 서 있다.

2012년 대선 이후 경기도청을 방문한 박근혜 대통령과 함께

"정치의 역할은 대한민국을 부강하게 하고, 국민을 위대하게 만드는 것"이라는 그의 말은 현재도 유효하다. 김문수는 애국의 길 위에서, 노동과 경제의 균형을 맞추며 대한민국의 미래를 설계하고 있다. 과거의 그를 아는 사람들에게는 낯설게 느껴질 수도 있지만, 현재의 김문수는 오늘날 대한민국이 필요로 하는 애국의 본보기다.

그가 지금의 자리에서 보여줄 변화와 성과는 대한민국이 미래를 준비하는 데 있어 중요한 역할을 할 것이다.

04
적을 알고 싸우면 백전백승

"적을 알고 나를 알면 백전백승(知彼知己 百戰百勝)."

『손자병법』에서 유래한 이 경구는 싸움에서 승리하기 위한 불변의 진리를 담고 있다. 그렇다면 오늘날 대한민국에서의 '주적'은 누구인가? 김문수 노동부 장관은 이를 누구보다 깊이 체험하고 깨달아 온 인물이다.

김문수의 과거는 다이내믹하다 못해, 드라마틱하다. 그는 한때 학생운동과 노동운동에 심취해 있었다. 민중·민주 혁명이라는 대의를 품고 대학교에서 두 번이나 제적되었고, 위장취업까지 하며 노동 현장에서 혁명을 꿈꿨다. 감옥에 갇혀 2년 5개월을 보냈고, 그곳에서 남파 간첩과 주사파 학생들, 심지어 공산주의 이론가들과도 긴 시간 토론하며 지냈다. 그는 본인을 "ML주의(Marxism-Leninism)와 마오주의(Maoism)에 영향받았다"라고 술회한 바 있다.

하지만 김문수의 삶은 전환점을 맞았다. 스스로 체험한 주사파의 실체와 공산주의 이념의 허구성을 깨닫고 난 뒤, 그는 자유민주주의와 시장경제 체제를 수호하는 길로 나아갔다. 과거 함께 투쟁했던 인물들이 정치권에 자리 잡으며 자신들의 이념을 확장할 때, 그는 그들과 분명히 선을 그었다.

특히 문재인 정부 시절, 북한에 800만 달러를 지원하려는 결정에 대해 "김정은이 좋아하지 않겠나, 김정은 기쁨조는 물러가라"는 발언으로 그의 단호한 태도를 드러냈다. 과거의 동료였던 문재인, 이해찬, 이인영, 심상정 등과는 완전히 다른 길을 선택한 것이다. 그는 체제 전복의 꿈을 꿨던 운동권에서 자유민주주의의 방파제로 변모했다.

2015년 한국노총 주최로 열린 전국노동자대회에 참석했던
김문수 경제사회노동위원장과 문재인 전 대통령

2019년 청와대 앞에서 열린 '외교무능, 경제참상, 안보해체 문재인 대통령 하야촉구 기자회견'에서 모두발언 중인 김문수

　김문수의 전환은 단순한 변심이 아니라, 철저한 자기반성과 현실 인식에서 비롯된 것이다. 그는 공직에 있을 때도 청렴하고 강직한 태도로 국가의 기강을 바로 세웠다. 이제 노동부 장관으로서, 그는 대한민국의 노동정책을 이끌며 국가를 더욱 굳건히 하는 데 매진하고 있다.

　그의 생애는 『손자병법』의 지혜를 몸소 실천해온 여정이라 할 만하다. 스스로 적을 알고, 그 실체를 파악한 경험을 바탕으로, 이제는 더 큰 싸움을 준비하고 있다.

다음 글 〈주사파가 점령한 대한민국〉은 2019년 7월, 유튜브 채널 '김문수TV/김문수칼럼'에서 방송된 내용을 글로 정리한 것이다. 김문수 장관의 체험에서 우러난 생생한 통찰과 대한민국의 현실을 꿰뚫는 메시지가 담겨 있다.

이 글은 기록을 넘어, 대한민국의 미래를 고민하는 모든 이들에게 보내는 경고이자 제안이다. 반드시 읽어야 할 이야기이며, 여러분의 판단을 뒤흔들 강렬한 진실이 여기에 있다.

05
주사파가 점령한 대한민국
– '김문수TV/김문수칼럼'(2019년 7월 15일)

죽느냐? 사느냐?
이것이 문제입니다.

저는 학생운동과 노동운동을 하면서 대학교에서 두 번 제적되고 25년 만에 졸업장을 받았습니다. 7년 동안 공장 생활을 하며 노동조합 위원장을 2년 동안 했습니다. 감옥에 두 번 가서 2년 5개월 동안 살았습니다.

감옥에서 김일성주의자, 주사파 학생들 수백 명과 만나 토론도 많이 하고 함께 생활했습니다. 광주교도소에서는 남파 간첩, 공작원, 국내 간첩, 재일교포 간첩 등 100여 명과 함께 1년 동안 지냈습니다. 저는 마르크스-레닌주의와 모택동주의에 심취하여 공부하며 공산혁명을 꿈꾸기도 했습니다. 공산혁명을 꿈꾸는 선배들의 지도를 받으며 비밀 지하 혁명 조직 생활도 10여 년 했습니다.

저는 지금 집권하고 있는 문재인 대통령, 민주당의 이해찬 대표, 이인영 원내대표, 심상정 정의당 대표 등 운동권 출신 대부분과 함께 활동하며 같은 시대를 꿈꾸고 투쟁해 왔습니다.

제가 50년간 겪어온 경험에 비추어 볼 때, 대한민국은 이미 종북 주사파와 좌파 연합에 넘어갔다고 판단됩니다.

1. 지금은 주사파가 대한민국의 권력을 잡았습니다

1) 체험적 반공

6·25 전쟁 휴전 이후 우리 국민 대부분은 반공 자유민주주의를 신봉해왔습니다. 해방 직후부터 공산 치하에서 살아봤던 이북 피난민들의 체험과 해방 이후 빨갱이들의 폭동, 6·25 전쟁 당시의 만행이 너무 끔찍했기 때문입니다.

가족이나 친지 가운데 좌익 경험이 있었던 경우도 많았습니다. 통혁당, 인혁당, 남민전 등 김일성의 남조선 혁명 노선을 따르는 지하 혁명당 활동이 끊임없이 시도됐습니다.

2) 반미 친북 운동의 확산

실패를 반복하던 중 1980년 광주사태를 겪으며 학생운동과 민주화를 열망하던 시민들 사이에 반미 친북 운동이 확산되기 시작했습니다.

북한의 대남방송을 정리한 김영환의 강철 서신은 주사파 운동권의 대표적인 문건입니다. 신군부의 12·12쿠데타와 광주사태, 민주화의 좌절을 겪으며 종북 주사파는 대학가로 급속히 확산됐습니다.

3) 종북 주사파 학생운동의 확산

종북 주사파가 학생운동을 급속하게 장악하게 된 원인은,

첫째, 전두환의 12·12쿠데타와 광주학살로 민주화의 꿈이 갑자기 사라지게 되었기 때문입니다.

둘째, 김일성의 주체사상 혁명론은 체계적이고 쉽고, 대한민국의 현실에 잘 맞기 때문입니다. 마르크스 레닌주의 혁명론보다 한국적이며 쉽습니다. 북한이라는 조선 공산혁명 기지에서 권력을 가진 김일성에 의해 체계적으로 정리되고, 매일매일 대남방송으로 전파되기 때문에 대중성, 민족성, 적합성,

신속성은 기존 마르크스 레닌 공산혁명 이론보다 우리나라 현실에 맞아서 급속히 확산됐습니다.

4) 전대협·한총련 20년

전대협(1987-1992), 한총련(1992-2007)이 전국 대학학생회 조직과 학생운동을 신속하고 완벽하게 장악하였습니다. 이들은 표면 대중조직인 전대협, 한총련과 지하 비밀 지도조직인 혁명정당을 나누어서 조직·운용합니다. 학생운동을 마친 운동권은 사회로 나와서, 사회대중운동으로 투신하지 않을 수 없습니다. 해마다 수십만의 학생운동권 출신들이 자연스럽고도 필연적으로 사회 각계각층으로 투신합니다.

- 공장으로, 직장으로 들어갑니다. 이들이 민주노총입니다.
- 정계로 진출합니다. 민주당, 정의당, 민중당은 물론이고 바른미래당, 자유한국당에까지 미치지 않은 곳이 없습니다.
- 언론계로 들어간 기자들도 학생운동 경험으로 민주화를 계속한다며 언론노조를 결성하여 지금 KBS, MBC, SBS, 한겨레신문, 경향신문을 붉게 물들였습니다.
- 고시에 합격하면 민변, 우리법연구회, 국제인권법연구회를 결성하여, 대법원장과 헌법재판소와 법원, 검찰, 청와대, 서울시와 각급 지방자치단체까지 모두 장악했습니다.
- 사범대, 교대 운동권 학생들이 교사가 되어 전교조를 결성

하여, 어린 학생들을 붉게 물들이고 있습니다.
- 영화계로 진출하여 운동권 영화를 만들어 천만 관객을 울립니다. 문화·예술계를 석권하였습니다.
- 사업에도 투신하여 사업가로 성공하여 부르주아가 되었지만, 그의 사상은 여전히 종북 주사파로 남아있습니다.

이렇게 하여 지금은 입법, 사법, 행정, 교육, 문화, 방송, 예술, 경제계, 기업, 동네 구멍가게까지 완벽하게 붉은 혁명사상으로 물들었습니다.

5) 주체사상의 힘

주체사상은 강력한 힘이 있습니다.

첫째, 민족주의·사회주의 사상입니다.

둘째, 성경보다 쉽습니다.

셋째, 살아있는 권력 김정은을 움직이는 사상이요 이론일 뿐만 아니라, 조선민주주의인민공화국이라는 국가 권력입니다.

넷째, 젊은 대학생 시절, 조국을 위해, 민주화를 위해, 자주통일을 위해, 최루탄을 마시며 싸우다가 도망 다니고, 잡혀서 고문당하고, 감옥을 들락거리며, 청춘을 바치며, 헌신했던 자부심을 가지고 있습니다.

다섯째, 사회인이 되어서도 운동권의 동지적인 인간관계는 끊을 수 없습니다. 운동권 출신들이 서로 짝을 이뤄서 부부가 된 경우에는 혁명가정이 됩니다. 자녀까지 대를 이어 사상이 이어집니다.

무섭습니다. 그래서 저는 사상을 바꾸는 것은 담배 끊기보다 더 어렵다고 생각합니다. 이런 종북 주사파들이 수백만 배출되었고, 마침내 청와대부터 대한민국의 국가 권력뿐만 아니라 사회 각계각층을 완벽하게 장악했습니다.

제가 아는 한 세계 어떤 공산혁명 때보다 더 완벽하게 국가 권력을 장악했습니다.

6) 자유주의 배격 11훈

공산주의자들의 신조는 '자유주의 배격'입니다.

공산주의자들은 철저하게 자유주의를 부르주아 사상이라며 배격하고 있습니다.

공산주의의 적은 '자유주의', '자유민주주의'입니다. 모든 공산주의자들은 언제나 '민주주의'를 내세웁니다. '인민민주주의', '민중민주주의', '진보적 민주주의', 그냥 '민주주의'입니다.

좌익들은 자기들만이 '진정한 민주주의'이고, 자유민주주의는 '부르주아 독재'를 예쁘게 포장한 '가짜 민주주의'라고 비난합니다. 좌익들은 어떤 경우에도 스스로를 '자유민주주의'

라고 하지 않습니다. '자유민주주의', '자유주의'는 공산주의의 배격 대상일 뿐입니다. 대한민국의 자유민주주의 헌법을 지키는 것이 지금 우리 국민의 첫 번째 임무입니다.

제가 운동권에서 혁명을 꿈꿀 때, 회합 전에 암송하던 〈자유주의 배격 11훈〉을 소개하겠습니다. 모든 학생운동권이 다 하는 것이 아니라, 엄선된 소수 혁명가들이 하던 것입니다. 남로당과 빨치산 대원, 남한 혁명조직원들이 사상강화의 방법으로 모택동의 〈자유주의 배격 11훈〉을 당 생활의 기준과 지침으로 삼았습니다.

〈자유주의 배격 11훈〉은 다음과 같습니다.

"우리는 사상투쟁을 적극적으로 주장한다."

그것은 당과 혁명단체의 단결을 가져오게 하며, 싸움의 무기를 더욱 날카롭게 하기 때문이다. 자유주의와의 사상투쟁을 거부하게 되면, 무원칙한 화평을 가져오게 되고, 그 결과 썩어빠진 작풍이 생겨서, 혁명단체의 어떤 개인은 정치적으로 부패하기 시작한다.

① 극히 다정하고 친밀한 동창 혹은 고향의 친지, 친구 또한 오랫동안 같은 회사에서 일했다고 하여, 원칙상의 논쟁을 피하며, 화평의 수단으로 가벼이 되는대로 방임함은 곧 자유주의 표현의 첫 번째 유형이다.

② 책임 없이 뒤에서 비판하고, 적극적으로 조직기관에 제의하지 않으며, 앞에서 말하지 않고, 뒤에서 비방하며, 회의 때는 말하지 않고, 회의 후에 떠들며, 집중 생활의 원칙이 마음속에 없고, 자유로이 방관함은 곧 자유주의 표현의 두 번째 유형이다.

③ 일에 대하여 관심이 없고, 다만 벽에 걸린 사진을 대하듯이, 남을 책하지 않고 말하지 않음이 명석한 보신술이라면서, 엎드려 침묵함이 곧 자유주의 표현의 세 번째 유형이다.

④ 명령에 복종하지 않고, 조직 규율을 돌보지 않으며, 간부라는 구실로 자기 의견만을 고집함은 곧 자유주의 표현의 네 번째 유형이다.

⑤ 단결과 진보를 위하거나 부정확한 의견을 고치려는 것보다, 개인 공격을 주로 삼아, 분하게 생각하고 보복하려 함은 자유주의 표현의 다섯 번째 유형이다.

⑥ 부정확한 의견을 듣고도 항변하지 않고, 반혁명 분자의 말을 듣고도 보고하지 않으며, 무사태평하게 지내는 것은 자유주의 표현의 여섯 번째 유형이다.

⑦ 군중에 대하여 선전하지 않고 선동하지 않으며, 연설하지 않고 조사하지 않으며, 묻지도 않고, 그 고통까지도 관심을 가지지 않으며, 무조건 지지하여, 당원임에도 불구하고 당원의 의무를 망각한 한 사람의 백성처럼 되는대로 지냄은 자유주 표현의 일곱 번째 유형이다.

⑧ 군중 이익을 해치는 행동을 보고도 격분하지 않고, 경고하지 않으며, 관심을 가지지도 않고, 해결하지도 않고 내버려 두는 것은 자유주의 표현의 여덟 번째 유형이다.

⑨ 일에 충실하지 않고, 일정한 목적 없이 하루를 되는 대로 지내며, 마치 스님들이 목탁 두드리듯이 하는 것은 자유주의 표현의 아홉 번째 유형이다.

⑩ 자존심만 높아서 혁명의 공이 가장 많은 것같이 노선을 거스르며, 큰일은 할 능력이 없고, 작은 일은 하기 싫어하며, 학습에 노력하지 않고 태만함은 자유주의 표현의 열 번째 유형이다.

⑪ 자기의 잘못을 알면서도 고치지 않고, 자기비판을 하되 비관 실망에 그치고 마는 것은 자유주의 표현의 열한 번째 유형이다.

탄핵 반대 집회에 참석한 김문수

PD 운동권 출신인 제가 볼 때, **〈우리나라 자유민주주의자들의 특성〉**은 다음과 같습니다.

첫째, 소수를 제외하고는 자유민주주의나 공산주의 또는 김일성주의, 주체사상에 대해 체계적인 사상학습을 해본 적이 없습니다.

둘째, 자유민주주의자들은 운동권이라고 할 정도로 조직화, 체계화되지도 않고, 태극기집회가 처음으로 실행된 자발적 애국대중운동이 아닌가 합니다.

셋째, 태극기집회는 사분오열되어 서로 단합되지 못하고 있습니다.

넷째, 고관대작이나 대기업가, 세계적 전문가도 많지만 지킬 것이 너무 많아서인지, 앞장서서 솔선수범하며 희생하는 사람이 드뭅니다.

다섯째, 최근 전대협, 새벽당, 트루스포럼 등 젊은 자유주의운동이 시작되고 있습니다. 아직은 미약하지만 희망의 새싹들입니다.

여섯째, 자유한국당이 자유파의 중심 정당인데 너무 기득권화되어, 강한 목표의식과 전략전술이 취약하고, 투쟁성, 헌신성이 약합니다.

일곱 번째, 새누리당 국회의원 가운데 60여 명은 자기가 만들고 당선시켰던 박근혜 대통령을 탄핵시키고, 감옥에 갇혀 재판을 받는데도 방청, 면회, 석방운동조차 한 번도 하지 않는 기괴한 모습을 보이면서도 부끄러움을 모릅니다.

자유주의자, 자유파란 자유민주주의 대한민국 헌법 체제를 김일성주의 주사파로부터 지키려는 집단을 말합니다. 주사파는 김일성주의자들로서 자유주의자의 적입니다. 주사파는 대한민국을 부정하고, 조선민주주의인민공화국이 한반도에서 정통성이 있는 국가로 생각합니다.

주사파가 대한민국의 정통성을 부정하는 까닭은 이승만과 박정희의 정통성을 인정하지 않기 때문입니다.

첫째, 이승만은 미국의 앞잡이로서 친일파와 손을 잡고 민족의 자주성을 팔아먹고, 자신의 사리사욕을 채우기 위해서 미국이 원하는 반쪽 나라 대한민국을 세웠다고 합니다.

둘째, 박정희는 만주군관학교와 일본육사를 졸업하고, 천황의 장교가 되어 만주에서 독립군을 토벌하다가 해방 후에는 남로당 군사 총책으로서 비밀 지하 혁명동지를 팔아먹고 목숨을 건졌다가, 다시 쿠데타를 통해 권력을 잡아서 반민중, 반민족, 반민주, 친일, 친미, 사대주의 정권을 운영했다는 것입니다.

반면, 자유파는,

이승만 대통령은 대한민국 건국의 아버지이고, 박정희 대통령은 한강의 기적을 만든 영웅이라고 생각합니다. 자유파는 이승만이 없었다면 대한민국 건국 자체가 어려웠다고 생각합니다. 자유파는 박정희가 이끈 한강의 기적이 우리나라의 오늘을 만들었고, 중국, 베트남 등 세계 여러 나라에 "하면 된다"는 희망과 방법을 알려 주었다고 생각합니다. 좌우 대립의 역사란 바로 주사파와 자유파 사이의 체제전쟁을 말합니다.

먼저 현재의 정세는 문재인+김정은 주사파 공동체가 사상이념 권력의 고지를 점령했습니다. 자유대한민국은 주사파의 수십 년 전복전략에 의해 점령됐습니다. 자유파와 주사파는 적대적 관계로서 박근혜 대통령 탄핵 이후, 지금은 사상이념 체제투쟁에서 주사파가 승리하여 집권하고 있습니다. 주사파는 군사력과 무력을 쓰지 않고 촛불집회와 박근혜 대통령 탄핵 구속으로 승기를 잡았습니다.

2016년 10월부터 전개된 반체제 세력의 촛불집회와 체제수호 세력인 태극기집회의 대결은 일단 반체제 세력인 촛불집회가 승리했습니다. 그리고 2017년 5월 9일 대통령 선거에서 촛불대통령 문재인이 당선됨으로써 대통령중심제에서 대권을 장악했습니다.

비록 거짓과 사기 탄핵이라 하더라도 박근혜 대통령을 끌어내리는 데 성공했습니다. 그리고 곧 박근혜 대통령과 이명박 대통령을 구속시킴으로써 자유파의 10년 체제를 완전히 허물어뜨리는 데 성공했습니다.

  종북 주사파 집단이 추대한 문재인 대통령이 집권한 이후, 촛불 혁명정부는 대한민국의 자유민주주의 세력을 적폐세력으로 몰아서 마구잡이 구속하고 있습니다. 문재인 정권은 자유민주주의 정권이 아니며, 그동안 사람 중심의 민중민주주의 개헌을 하려다가 저지됐습니다.

  문재인 정권은 종북 주사파 정권이며, 김정은과 연방제 통일을 하는 것이 1차 목표입니다. 문재인 대통령이 신영복을 사상가로 존경한다고 평창올림픽 리셉션에서 커밍아웃한 것은 이미 주사파들이 사상이념 권력의 고지를 점령했기 때문에 과감하게 세계만방에 선포한 것입니다. 이 자리에는 미국 펜스 부통령, 아베 일본 수상, 북한 김영남-김여정 등 여러 나라 지도자들이 참석한 올림픽 개막 리셉션 자리였습니다.

2. 2020년 4월 15일 선거에 대한 저의 판단입니다

첫째, 경제 파탄으로 인한 민생투쟁이 더욱 격화될 것입니다.

사상이념, 권력의 고지를 점령한 문재인 주사파 세력은 권력을 유지 연장하기 위해서라면 수단 방법을 가리지 않고, 피라도 흘릴 것입니다. 따라서 자유민주주의 세력이 순진하게, 선거법을 지키면서 막말하지 않고 착실하게 바닥을 누비며, 정책 선거운동을 하면, 이길 수 있을 것이라는 생각은 비현실적입니다. 선거공학, 정책 위주 선거전략으로는 드루킹 댓글 조작 범죄를 저지르며 자유파를 적폐세력으로 몰고, 전략전술을 능수능란하게 구사하는 문재인 주사파를 이길 수 없습니다.

둘째, 4·15선거는 사상이념 투쟁장이며, 조직투쟁, 민생투쟁의 장입니다.

따라서 통상의 선거운동으로는 이미 권력을 잡고 있는 주사파를 이길 수 없습니다. 자유한국당은 사상이념성, 조직성, 연대성, 투쟁성을 강화해야 합니다.

셋째, 4·15선거와 다음 대선은 문재인+김정은 남북 주사파 연대 집권세력과 한미동맹 자유민주주의 세력 간의 혈전

이 불가피합니다. 자유한국당은 내년 4·15선거에 몰입되어, 국회의원선거 중심 전략만으로는 4·15선거 승리도 기대할 수 없습니다.

3. 자유한국당이 당면한 과제는 다음과 같다고 생각합니다

첫째, 주사파에 의해 감옥에 갇혀 있는 박근혜-이명박 대통령과 자유민주 세력의 주역들을 구출하는 석방 투쟁이 중요합니다. 그럼에도 불구하고 자유한국당은 "박근혜를 석방하라"고 외치면 "몇 표를 더 받을 수 있을까?", "지지율이 몇 % 영향을 받을까?" 이런 생각을 먼저 하고 있습니다. 정치공학입니다. 정치상술입니다. 이건 나라를 구하는 참정치가 아닙니다. 이건 기본적으로 인륜을 지키는 인간이 해야 할 짓이 아닙니다. 애국심과 동지애와 진실성이 빠진 정치는 이제 심판받아야 합니다.

둘째, 자유한국당을 혁신하여 나라 지키는 구국투쟁연대의 중심으로 세워야 합니다.
나라를 통째로 김정은에게 바치고 있는 문재인 대통령을

끌어내리지 않고서 어떻게 자유대한민국을 구할 수 있습니까? 내가 국회의원 되고 대통령 되면 나라를 구할 수 있다고요? 모두들 이런 자기중심적 생각만 하다가 결국 나라가 이렇게 기울어지지 않았습니까? 지금은 투쟁해야 이길 수 있습니다. 뭉쳐야 이길 수 있습니다. 전략·전술이 있어야 이길 수 있습니다.

셋째, 4·15총선 승리를 위해 과감한 물갈이와 인재 영입 그리고 이길 수 있는 전략·전술이 신속하게 집행돼야 합니다. 주사파들이 집권하고 있는 지금은 과거 어느 때의 야당이 싸우던 것보다 어려운 총선입니다. 지금의 정세가 얼마나 어려운지에 대해 우리는 냉정해야 합니다. 자기 앞만 보고 싸운다고 이길 수 없습니다. 우리나라를 둘러싸고 있는 국제 정세와 각 정치세력의 현황, 그리고 무엇보다 우리 자신의 역량에 대해 냉정하게 분석, 판단하고 싸워야 합니다. 모여야 합니다. 밤을 새워서라도 토론해야 합니다. 전략·전술을 세워야 합니다. 힘을 합쳐야 합니다.

넷째, 자유한국당은 대표 직속으로 사상이념전쟁-주사파 척결투쟁-자유민주세력 대동단결투쟁-민생투쟁-한미동맹 강화를 이끌 〈자유 대한민국 수호 비상국민회의〉를 구성하여 앞장서서 싸워야 합니다. 〈자유 대한민국 수호 비상국민회의〉는 국회를 기반으로 자유한국당, 우리공화당 국회의원 모임을 구성하고, 비상국민회의, 대수장(대한민국수호장성단), 태극기 세력, 자유한국당, 우리공화당, 기독자유당, 새벽당, 전대협, 새마을, 동창회, 향우회, 군인조직, 행정동우회, 외교관 조직 등 모든 애국 세력과 빅텐트를 치고, 주사파 집권세력에 맞서 싸워 이겨서 자유민주주의 대한민국을 지켜야 합니다.

4. 문재인 주사파 정권의 4·15총선 4대 카드

문재인 주사파 정권은 통상적인 자유민주주의 정권이 아닙니다. 주사파의 특징은 대한민국 전복의 전략·전술이 혁명교과서에 이미 정립되어, 주사파 운동가들이 달달 외워서 조직적으로 실행하고 있다는 점입니다.

지금은 특히 김정은만 집권하고 있을 뿐만 아니라, 남한에서도 문재인이 집권하고 있어 남과 북이 '우리 민족끼리' 내놓고 협력하고 있습니다. 문재인이 김정은 수석대변인이라고 외국에서 먼저 말하고 있습니다. 따라서 자유한국당과 자유파는 이렇게 불리한 정세에도 싸워 이기기 위해서는 특별한 집중과 단결, 연대를 해야 하지 않겠습니까?

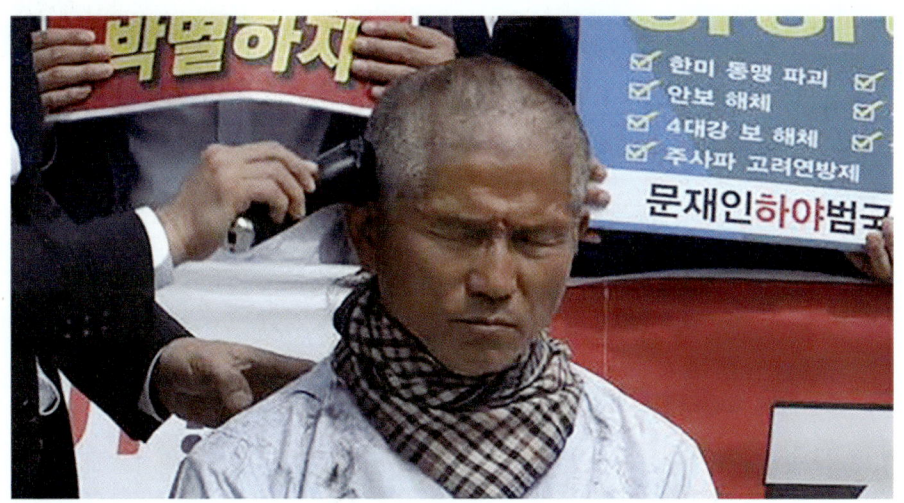
2019년 경기도지사 시절, 조국 법무부 장관 사퇴 및 문재인 대통령 하야 촉구 삭발식 장면

문재인 주사파는,

첫째, 핵미사일 폐기와 남북 평화통일 카드를 쓸 것입니다. 작년 6·13 지방선거에서 하루 전인 6·12 트럼프-김정은 싱가포르 회담으로 자유한국당은 완전히 망했습니다. 트럼프-김정은 회담은 결과적으로 내용이 아무것도 없었지만, 자유한국당이 입은 피해는 거의 쓰나미 수준입니다. 내년 4·15총선 전에도 김정은이 트럼프를 만나서 핵미사일 폐기나 종전선언, 평화선언을 하거나 평양에 미국대표부를 개설하고 트럼프가 평양을 방문하거나 김정은이 백악관과 유엔을 방문한다면 싱가포르 회담 이상으로 엄청난 태풍으로 자유한

국당이 피해를 입게 될 것입니다. 자유한국당은 대비를 해야 합니다. 자유한국당 혼자서는 어렵습니다. 자유파 애국단체와 손을 잡고 미국과도 다양한 협력을 해야 합니다.

둘째, 반일 카드를 내년 4·15까지 써먹을 것입니다.

일본제품 불매운동에 참여하겠다는 국민이 67%나 된다고 합니다. 반일 카드는 반일 민족주의에 익숙한 우리 국민의 투표에서는 언제나 과반수를 차지하여 왔습니다. 우리 경제가 어려운 까닭이 문재인의 반기업 친민노총 정책 때문만이 아니라 나쁜 아베의 심술과 친일파 때문이라고 대통령, 민주당, 언론, 민노총, 시민단체 모두가 나서서 총력 홍보한다면 만만찮은 광풍이 될 것입니다. 우리는 반일 카드에 대해서도 집중적으로 대비하지 않으면 안 되겠습니다.

셋째, 박근혜 대통령을 적절한 시점에 석방하여 자유한국당을 완전히 두 조각으로 나누려 할 것입니다.

박근혜 대통령은 벌써 석방됐어야 하지만 내년 4·15총선 직전에 석방함으로써 자유한국당과 특히 대구·경북 지역을 중심으로 자유파 내부에 엄청난 혼란과 분열을 가져올 것입니다. 우리는 주사파들의 분열공작에 대비해야 합니다. 서로 만나지도 않으면서 오해하고 비난하지 말아야 합니다.

넷째, 연동형 비례대표제 선거법이 통과되어 지금까지의 양당제가 다당제로 바뀔 경우에 대비해야 합니다.

연동형 비례대표제 선거법은 국회에서 민주당과 정의당, 민주평화당, 바른미래당 4당이 단합하여 자유한국당만 빼놓고 60%의 득표로 이미 패스트 트랙을 태워서 카운트다운 중입니다. 이제 법안 통과에는 50% 찬성만 받으면 됩니다. 빠루까지 동원되고 자유한국당 국회의원만 59명이나 고발되면서 육탄으로 막았는데도 60% 찬성으로 통과시켰기 때문에 이제 본회의 통과에 필요한 50% 받는 건 그렇게 어렵지 않다는 겁니다. 연동형 비례대표제는 절대적으로 정의당, 우리공화당 같은 소수정당이 유리합니다. 이번 연동형 비례대표제 선거법 개정안에는 권역별 석패율제까지 포함되어 있어서 작은 정당이 여러 개로 난립될 수밖에 없습니다.

주사파들은 촛불혁명으로 자유대한민국을 거의 무너뜨렸습니다.

마지막으로 내년 4·15총선에서 2/3 의석을 확보하여 남은 민중민주주의 헌법개정을 통해 1948년 7월 17일 제정된 자유민주주의 대한민국 헌법을 확 뜯어고치려고 합니다. 개헌에는 국회의원 2/3 찬성과 국민 1/2 찬성이 필요합니다. 100년 집권하겠다는 말이 공연한 헛소리가 아닙니다.

자유주의 대한민국이 죽느냐? 사느냐? 이것이 문제입니다.

06
경제사회노동위원장에
임명되다

"모든 것은 사람이 한다"라는 말처럼, 리더를 선택하는 것은 곧 시대의 흐름을 결정짓는 중요한 일이다.

2022년, 김문수 전 경기도지사가 경제사회노동위원회 위원장(장관급)으로 내정되었을 때, 필자는 윤석열 대통령이 사람 보는 눈을 가지고 있다고 생각했다.

누군가는 격렬히 반대하고, 누군가는 환호하지만, 한 가지는 분명하다. 학생운동의 선봉에서 공장 노동자들과 나란히 땀 흘리던 시절, 감옥에서 주체사상과 맞부딪치던 기억, 그리고 경기도지사로 대한민국의 변화를 이끌었던 시간들까지. 그가 걸어온 길은 대한민국 현대사 그 자체라 할 수 있다.

김문수는 학생운동에서 노동운동으로, 노동운동에서 정치로 이어지는 힘난한 여정을 걸어왔다. 특히 감옥에서의 경험은 그를 크게 변화시킨 계기였다.

감옥은 단순한 수감 생활의 장소가 아니라, 주체사상에 심취한 운동권 학생들과 남파 간첩, 공작원들과 논쟁하고 사상을 겨루는 전쟁터였다. 김 전 지사는 이 시절을 통해 공산혁명의 실상을 꿰뚫어 보게 되었고, 자신이 꿈꾸던 혁명의 허상을 깨닫게 된 것이다.

그의 이러한 경험은 단순히 과거의 한 페이지로 끝나지 않는다. 지금의 민주노총, 전교조, 그리고 다양한 좌파 단체들은 여전히 운동권 시절의 명맥을 이어가고 있다. 그들은 김문수라는 이름이 지닌 상징성과 위험성을 너무나도 잘 알고 있다. 그렇기에 그가 경제사회노동위원장으로 내정된 순간부터 격렬히 반발하고 있는 것이다.

당시 민주당과 정의당의 반응은 어찌 보면 예상 가능한 것이었다.

"흘러간 물로 미래를 만들 수 없다"거나, "사회적 대화는커녕 갈등만 키울 것"이라는 비판은, 사실 김문수가 그들의 속성을 너무 잘 알기에 나온 반발이라 볼 수 있다. 그러나 역설적으로, 바로 이 점이 김문수가 가장 적합한 인물이라는 것을 증명해 주는 것이다.

과거 박정희 전 대통령 역시 비슷한 길을 걸어간 인물이다.
1950년 6·25 전쟁 발발 직전, 박정희는 공산당원으로 활동하며 중형을 선고받았다. 그러나 백선엽 장군은 그를 처형하지 않고 살려두었다. 박정희는 자술서를 쓰며 공산당 조직원들의 명단을 쏟아냈고, 이를 통해 전쟁 전 공산주의 세포들을 색출할 수 있었다. 이 사건은 당시 대한민국을 지킨 중요한 전환점이었다.

김문수 전 지사를 두고 철새 정치인이라고 비난하는 사람들이 있다. 그러나 이는 터무니없는 주장이다. 그는 경기지사로 재임하면서도 개인적인 부를 축적하지 않았으며, 정치자금 부족으로 출마하지 못했을 뿐이다. 하지만 그의 국가관과 정체성은 누구보다 확고하다.

2022년 9월, 윤 대통령이 김문수 경사노위 위원장에게 위촉장을 수여한 뒤 기념 촬영하고 있다.

2024년 2월, 윤석열 대통령이 경제사회노동위원회(경사노위) 격려 오찬에 참석해 김문수 위원장의 발언을 듣고 있다.

경제사회노동위원장으로서 그가 해야 할 일은 분명해 보였다. 감옥에서 쌓은 경험과 정치인으로서의 경륜을 바탕으로 대한민국의 노동과 경제, 그리고 사회적 대화를 새롭게 설계해야 하는 것이다. 그의 임명을 둘러싼 논란은 결국 그가 얼마나 강력한 존재인지를 방증하는 것이다.

또한 이제는 박찬주 전 육군대장과 같은 인물들도 재조명 될 차례다.

문재인 정부 시절 억울하게 누명을 썼던 군 장성들이 명예를 되찾고, 국가를 위해 일할 수 있는 환경을 마련하는 것이 윤석열 정부의 다음 과제가 되는 것이다.

3년 전 김문수 경제사회노동위원장 임명을 환영하며, 필자는 그에게 당부했었다.

"경제사회노동위원회 위원장으로서 당신의 사명은 막중하다. 대한민국을 위해 헌신해달라. 당신의 국가관과 신념은 우리가 믿고 의지할 것이다. 보수언론 또한 당신의 노력을 전폭적으로 지지할 것이다."

07
국정감사에서
진실을 외치다

2022년 10월 12일, 국회 국정감사장이 갑자기 정적에 휩싸였다.
당시 김문수 경제사회노동위원장이 입을 열자마자 야당 의원들의 표정은 일그러졌고, 장내는 긴장감으로 팽팽해졌다.

"문재인은 김일성 주의자다."

이 한마디가 던져지자마자 민주당 의원들은 고성을 내질렀고, 국정감사장은 순식간에 전쟁터로 변했다. 그들은 김 위원장을 퇴장시키며 그의 발언이 국회를 모욕했다고 주장했다.
그러나 이 말은 단순한 수사적 표현이 아니었다. 이는 김문수라는 인물이 걸어온 험난한 길과 그가 마주했던 진실의 무게를 담은 외침이었다.

그는 과거 노동운동의 최전선에 서 있었고, 노동자들과 함께 공장에서 땀을 흘리며 투쟁했다. 감옥에서는 주체사상에 심취한 동료들과 끝없는 논쟁을 벌였고, 그 과정에서 공산혁명의 실상을 꿰뚫어 보게 되었다. 이런 경험은 그를 진실을 외면하지 않는 정치인으로 만들었다.

2022년 국정감사에서 의원 질의에 답변하는 김문수 경제사회노동위원장

김문수는 국정감사장에서 야당의 거센 비판을 받으면서도 굴하지 않고 진실을 주장했다. "문재인은 김일성주의자"라는 그의 발언은 비난을 위한 비난이 아니라, 문재인 전 대통령이 보여줬던 정책과 행동을 겨냥한 것이었다.

그 당시 민주당은 김 위원장의 과거 발언을 문제 삼으며 국정감사를 파행으로 몰아갔다. 그들은 "문재인은 총살감"이라는 그의 옛 발언까지 거론하며 그를 몰아붙였지만, 김 위원장은 오히려 더 단호했다.

민주당 전용기 의원의 "문재인 전 대통령을 종북 주사파로 생각하느냐?"는 질문에 그는 "문 전 대통령이 김일성주의자임을 부정할 수 없다"고 응수했다.

이 발언에 우원식 의원과 진성준 의원은 격앙된 반응을 보였지만, 김 위원장은 전혀 흔들리지 않았다. 그는 노동운동과 정치의 현장에서 쌓은 신념을 지키며, 자신이 옳다고 믿는 말을 멈추지 않았다.

문재인 전 대통령의 정책은 대한민국에 큰 영향을 미쳤다. 탈원전 정책으로 인해 원전 수출시장은 붕괴되었고, 신한울 3·4호기 공사 중단으로 1조 원의 손실과 수천 개의 일자리가 사라졌다. 문 전 대통령의 행보는 경제와 안보에 치명적인 결과를 남겼다. 특히, 서해 공무원 피격 사건에서 자진 월북 프레임을 씌우는 등 국민을 기만하는 행위는 국민적 분노를 샀다.

김문수는 이런 정책과 행보를 날카롭게 지적하며 문재인의 책임을 물었다.

김문수 위원장은 노동운동의 현장에서 배운 경험과 진실을 향한 신념으로 대한민국의 방향성을 바로잡고자 한다. 그의 발언과 행동은 때로는 논란을 일으키지만, 그것이 바로 그가

진실을 외면하지 않는 인물임을 증명한다. 국정감사장에서의 소동은 그가 시대와 마주하고 있다는 증거였다.

대한민국은 지금 큰 전환점에 서 있다. 김문수는 대한민국이 기울어진 방향을 바로잡을 대들보 같은 존재이다. 우리는 그의 진심 어린 외침과 신념을 지켜보며, 그가 펼칠 미래의 무대를 기대해야 한다.

08
민노총과 화물연대여, 김문수를 아는가?

"화물연대와 민노총은 그들만을 위한 투쟁을 멈추고 모두를 위한 길을 찾아야 한다."
경제사회노동위원장 시절, 김문수의 말이다.

사실 그는 누구보다 민노총과 화물연대를 이해할 수 있는 사람이다. 1970~80년대 운동권의 중심에서 누구보다 강렬하게 반정부 투쟁에 앞장섰던 그가, 이제는 그 반대편에서 대한민국의 법과 원칙을 외치고 있다.
그의 말은 권위자의 형식적인 경고가 아니다. 운동권 시절의 치열한 경험, 그리고 돌아서서 국가의 미래를 고민하게 된 그 길고도 험난했던 여정에서 나온 진심이다.

김문수 위원장은 민노총과 화물연대를 향해 단호하게 말했다.
"계속 반복되는 화물연대의 운송 거부는 명백히 불법입니다."

이 말 속엔 국민과 함께 살아가야 할 공동체적 책임을 강조하는 그의 철학이 담겨 있다.

그는 과거 운동권 활동으로 유명하다. 대학 졸업이 무려 25년이나 걸릴 정도로 반정부 투쟁에 매진했다. 그 시절엔 그가 민노총이나 화물연대처럼 외쳤을 것이다. 그러나 그는 어느 순간 깨달았다. 자신만의 정의로는 모두가 함께 살아가는 세상을 만들 수 없다는 사실을. 그래서 그는 길을 바꿨다. 국회의원을 거쳐 경기도지사, 그리고 경제사회노동위원회 위원장 자리까지 맡았다.

화물연대의 요구는 타당한 부분도 있겠지만, 김 위원장이 지적한 대로 지금의 방식은 불법적이고 비합리적이다. 그는

KBS 라디오 인터뷰에서 이렇게 말했다.

"화물연대의 집단 운송 거부는 국민들에게 불편을 주고, 국가 경제에 심각한 손실을 끼칩니다. 윤석열 대통령도 '불법과 타협은 없다'고 했습니다. 법과 원칙에 따라 대응하는 것이 맞습니다."

김문수는 페이스북에서도 국민과 직접 소통하며 자신의 철학을 공유한다. 요즘 화물연대를 비롯해 지하철 노조, 서울대병원노조 등의 파업을 보면서 그가 언론에 발표한 말이라든지 페이스북에 올린 글을 읽다 보면, 그의 국가관이나 정체성을 확실히 알 수 있을 것이다.

• 어젯밤 늦게 서울대병원 노사가 합의하여, 파업이 끝났습니다.

파업 없는 원만한 노사가 되기를 빕니다. (11. 26. 페이스북)

• 대통령이 "불법과 타협 없다"며 업무 복귀 명령을 발동하니까, 파업 현장에도 국가공권력이 살아나고 있습니다.

의왕ICD에서는 경찰이 운행차량에 동승하고, 고속도로 입구까지 에스코트하면서 적극 보호하니까, 불법방해 행위가 사라졌습니다. 수색 시멘트싸일로에서도 물류가 살아나고 있습니다. 민노총의 기획 총파업이기 때문에, 신중하게 장기전에 대비해서 노사관계 정상화의 결실을 거둬야겠습니다. (12. 1. 페이스북)

• 조카가 지하철공사 합격했다고 집안 모두가 축하해줬습니다. 그런데 선배들은 못 살겠다며 무기한 파업입니다. 플랫폼에 꽉 찬 시민들은 말없이 다음 열차를 기다립니다. (12. 1. 페이스북)

김문수는 말한다.

"나도 한때는 그대들처럼 싸웠다. 그러나 그 길 끝에서 나는 깨달았다. 함께 살지 못한다면 그 싸움은 무의미하다."

필자 또한 그들에게 묻고 싶다.

"당신들은 지금 진정 국민을 위한 행동을 하고 있는가?"

민노총과 화물연대는 삭발과 촛불 대신 국민을 위해, 그리고 미래를 위해 무엇을 할 것인가를 고민해야 한다.

감나무에 몇 개 남겨둔 감처럼, 함께 살 수 있는 배려와 책

스물여덟의 구로공단 노조위원장

보일러 기술을 배워 구로공단
한일공업(도루코)에 취업해 노조위원장까지 됐다.

"(김문수는) 학생출신으로 공장에 들어가 노동자가 되는데 성공했고 노동조합장까지 됐다. 노동자들의 지지로 자본가와의 결연한 투쟁을 승리로 이끈 사람, 그는 한국의 레닌이었다.
(차명진 전 의원 페이스북, 2012.6.22.)

임이 필요한 시대다. 삭발한 반짝이는 머리를 볼 때 국민들이 느끼는 건 동정심이 아니라 회의감이다. 김문수가 걸었던 길을 이해하고, 새로운 길로 나아갈 때다.

민노총과 화물연대는 김문수를 아는가? 그는 자신이 걸었던 길의 오류를 반성하고 돌아섰다. 그대들도 그러길 바란다.

09
대전에 울려 퍼진 자유와 애국의 노래

2023년 8월 20일 오후 7시, 대전 대덕구 송촌장로교회 송촌컨벤션센터 3층.

이날 대예배실은 한여름 밤의 열기보다 더 뜨거운 애국과 찬송의 열기로 가득했다. 사단법인 한국정직운동본부가 주최하고 송촌장로교회, 이승만기념사업회, 대선 총연합회가 공동 주관한 이 행사에서 '나라사랑의 소중함과 자유민주주의 가치'라는 주제로 김문수 경제사회노동위원장이 특강을 맡았다.

찬송가 288장이 울려 퍼지며 분위기는 절정에 달했다.
"예수를 나의 구주 삼고 성령과 피로써 거듭나니…."
청중들은 손뼉을 치며 구주를 찬양했지만, 그들의 마음속엔 뜨거운 애국심 또한 넘쳐났다. 대예배실의 젊은이들, 교우들, 그리고 윤창현 국회의원, 박철용 동구 의원, 명재진 충남대 교수, 현숙경 침신대 교수, 김영길 대전 인권센터장 등 내로라하는 인사들이 한자리에 모였다. 그들 모두는 자유와 민주주의를 향한 열망을 공유하며 하나 된 마음으로 김문수 위원장의 목소리에 귀를 기울였다.

자신을 노동운동가였다고 소개하는 김문수 위원장

김문수 위원장은 이승만 대통령을 중심으로 한 자유민주주의의 가치를 조명하며 특강을 이끌었다.

첫째, 건국 대통령으로서의 비애

"이승만 대통령은 대한민국을 건국했음에도 불구하고 '건국대통령'이라는 칭호를 받지 못하고 돌아가셨습니다. 그는 민주주의를 실천했음에도 불구하고 '독재자'라는 비난을 받았고, 북쪽에 먼저 정부가 들어서자 대한민국도 정부를 세운 것에 대해 '분단의 원흉'으로 몰리게 되었습니다."

둘째, 피난 정부와 도망자 취급

"침략군이 대한민국에 쳐들어왔을 때, 이승만은 당연히 국가의 안전을 위해 정부의 컨트롤 타워를 이전하게 되었습니다. 그럼에도 불구하고 이를 '도망자' 취급하며 비판했던 이들이 많았습니다."

셋째, 미국과의 협상에서 얻은 비난

"이승만은 미국과 상호방위조약을 체결하며 대한민국의 안보를 강화했으나, 그 결과로 '미국의 앞잡이'라는 비난을 받았습니다. 그러나 우리가 누리는 자유와 독립의 기틀은 그의 외교적 노력의 산물입니다."

넷째, 친일 정권과 북한 정부의 역설

"김일성이 이끄는 북한은 친일 정권을 기반으로 세운 것이었으나, 남한의 정부는 '친일 정부'라는 누명을 쓰게 되었습니다. 이는 이승만이 세운 대한민국 정부가 의도적으로 골고루 사람을 기용했음에도 불구하고, 역사 왜곡의 희생양이 되었음을 시사합니다."

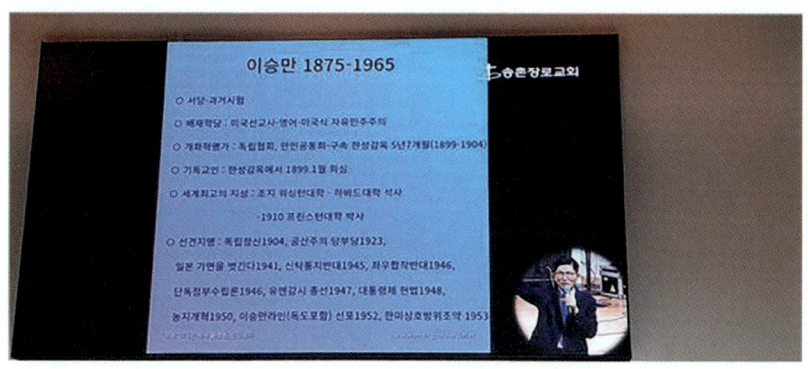

건국대통령 이승만을 강조하는 김문수 위원장

　김문수 위원장은 특유의 열정적이고 단호한 어조로 과거부터 현재까지 이어져 온 이승만에 대한 폄훼와 왜곡의 역사를 조목조목 짚어가며, 이승만이 대한민국의 건국과 자유민주주의 체제 확립에 기여한 진정한 의미를 되새겼다.

　특강은 진지하면서도 유쾌한 분위기 속에서 이어졌다. 김 위원장은 청소년들에게 질문을 던지고, 답변이 나오면 칭찬을 아끼지 않으며 소통했다. 그의 말 한마디 한마디는 자신감과 진심이 묻어났다.

　지난 과거, 노무현 전 대통령과 이재명 민주당 전 대선 후보는 대한민국을 미군정과 친일파의 지원을 받으며 이승만의 개인적인 권력욕으로 세운 '태어나지 말았어야 할 나라'라고 비난했다. 또한, 이승만의 독립투쟁은 '민족'과 '민중'을 고려하지 않고 대통령이 되겠다는 권력욕에 의한 것이라고 좌파들은 비난한다. 이승만을 최초로 매도한 인물은 남로당 공산주의자 박헌영(1900~1955)이다. 해방 후 박헌영은 남로당 대표로서 이승만을 일방적으로 추대했다.

김문수 위원장 또한 이 사실을 잘 알고 있다.

이승만을 '친일파'이자 '반민족주의자'라고 비난하고 폄하한 주장은 박헌영에서 그의 아들로 이어졌다. 전 서울시장 박원순과 박헌영의 아들인 원경 승려(본명 박병삼)는 1986년에 '역사문제연구소'라는 연구소를 설립하고, 한국의 대표적인 종북 좌파 학자들을 대거 영입하여 한국 역사를 본격적으로 왜곡하기 시작했다.

이들은 특히 이승만과 박정희를 매도했다. 그들은 "이승만·박정희 정권이 수호한 것은 '민주주의'가 아니라 '반공 군사독재'였다"고 주장하며, 한국의 '자유민주주의'는 반북·멸공을 위해 민주주의를 유보하는 '사이비 민주주의'였을 뿐, 민주주의로 간주될 수 없었다고 말했다.

김문수 위원장은 이런 좌파들의 속내 또한 잘 알고 있다.
그는 청년 시절 마르크스-레닌주의와 모택동주의에 심취

해 공부하고 공산혁명을 꿈꾸기도 했으며, 공산혁명을 꿈꾸는 선배들의 지도 아래 비밀 지하혁명 조직 생활을 10여 년간 했다. 그런 그가 대전에 와서 뿌린 씨앗이 자유와 애국심을 고취시킬 것이라 기대 중이며, 이는 대전에 울려 퍼진 자유와 애국의 노래로 기억될 것이다.

2017년 대구에서 열린 '박근혜 대통령 탄핵 반대' 태극기 집회에 참석한 김문수

10
대한민국을 지키는
강한 버팀목

김문수는 오랜 세월을 노동 현장에서 보내며 잔뼈가 굵은 '현장 노동운동가'였다. 그랬던 그가 이제는 노동계와 경영계를 잇는 사회적 대화의 중심에서 불편한 진실을 외치고 있다. 그는 말했다.

"과거의 노조는 반정부 투쟁을 하더라도 대화와 토론이 가능했지만, 지금의 노동단체들은 대화 대신 위협적인 모습만 보이고 있다."

노동자의 권리를 위해 싸웠던 자신이 이제는 머리띠를 두르고 극단적인 행동만을 일삼는 일부 단체들을 향해 쓴소리를 던지는 입장에 섰다.

경제사회노동위원장 시절 그는 머리띠를 두른 노동단체들에게 다음과 같이 호소한 바 있다.

"노동자는 대한민국 경제 기적과 민주화의 주역이다. 그러나 오늘날의 노조는 그런 전통을 스스로 뒤엎으려 하고 있다. 그러면서 가려는 곳은 어디인가? 과연 그것이 노동자를 위한 길인가?"

2023년 10월 국회 환경노동위원회 국정감사에서 김문수 당시 경제사회노동위원회 위원장이 질의에 답하고 있다.

그리고 또다시 국정감사에서 언론과 대중의 이목을 끌었다. 극우 성향 단체행사에서의 발언과 관련해 야당 의원들의 공격이 쏟아진 것이다.

당시 이수진 더불어민주당 의원은 김 위원장이 경사노위 직함으로 참석한 것을 문제 삼으며 "공무가 아닌 사무를 본 것"이라고 비난했다. 이에 김 위원장은 "자유민주주의를 위한 국민운동에 참여하는 것은 공무이지 사무가 아니다"라고 정면 반박했다.

김 위원장의 발언은 여기서 그치지 않았다.
"국민이 깨어나지 않으면 민주주의는 좌익이나 간첩이 놀기 좋은 곳이 된다." 이 발언은 좌파 성향의 의원들에게 강한 반발을 불러일으켰지만, 그는 물러서지 않았다. "내가 한 발언은 정치학 교과서에 나오는 내용이다. 팩트를 말했을 뿐"이라는 답변으로 다시금 논쟁의 중심에 섰다.

또한, 민주당을 공격하는 단체(이 단체는 김정은 명령을 받들어 '대북전단 금지법'을 민주당이 통과시켰다고 주장하는 단체임)의 행사에도 참석한 김 위원장은 "(대북전단 금지법은) 김정은을 위한 법이고, 우리나라 국격을 떨어트리는 매우 잘못된 법"이라고 말했다.
이 때문에 민주당을 비롯한 일부 좌파 성향의 야당에서 김 위원장의 거취 정리를 거론하며 "경사노위는 노동계·경영계·정부가 참여하는 사회적 대화 기구인데, 그의 과격한 발언이 각계 갈등을 조정하는 경사노위 수장에 걸맞지 않는다"고 비판했다.
노웅래 민주당 의원은 그에게 "경사노위 정상화를 위해 그만둘 생각은 없는가?"라고 질문했고, 김 위원장은 "대통령이 그만두라고 하면 그만두겠지만, 의원님이 그만두라고 해서 그만두겠느냐"고 응수했다.

그러면서 그는 한국노총의 경사노위 참여 중단에 대해 깊은 아쉬움을 표하며 "포기하지 않고 노동계를 설득해 사회적 대화를 이어나가겠다"고 밝혔다. 노동운동을 위해 젊음을 바쳤던 그가 지금은 대화를 위해 다시 싸우고 있는 것이다.

김문수, 당신은 노동운동의 최전선에서 싸워온 사람이 아닌가. 노동운동의 생리를 누구보다 잘 알고 있는 당신에게 두려움은 사치다. 나라와 국민을 위해 더 큰 싸움을 이어가라.

곁길로 새는 듯하지만, 분명 연관된 이야기 하나를 덧붙인다.

지난 2021년, 민주당 전당대회 돈봉투 의혹의 중심에 있는 송영길 전 민주당 대표는 검찰에 '깡통 휴대전화'를 제출해 비난을 받았다. 법조계는 이를 "오히려 구속 사유를 늘리는 행위"라고 비판했다. 그가 대전에서 윤석열 대통령 탄핵을 선동하고 다닌 것도 기막힌 현실이다.

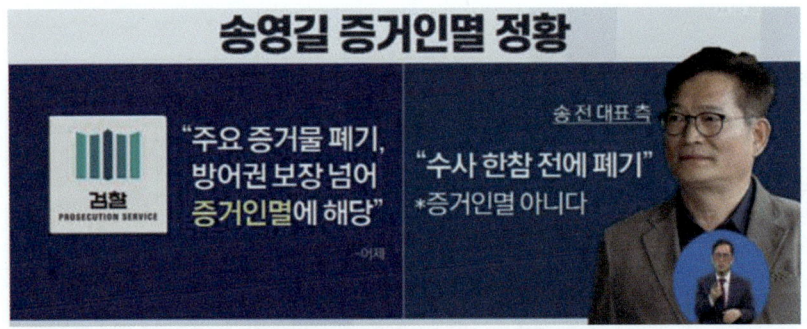

이런 혼란 속에서, 김문수야말로 자유와 민주주의의 버팀목으로서 앞으로도 그 중심에서 흔들림 없이 싸워야 한다. 당신이 가는 길에 대한민국의 미래가 달려 있다.

11
비판인가, 왜곡인가
– 언론의 책임과 신뢰

 달리는 말에 채찍을 가하는 것은 단순히 속도를 내기 위한 행동이 아니다. 그 속에는 주인의 애정이 담겨 있다. 주인은 "이랴, 이랴" 외치며 말과 호흡을 맞추고, 말은 그 목소리에 담긴 신뢰와 유대를 느낀다. 이는 주인과 말이 함께 살아온 세월과 먹고살기 위한 애정 어린 협력의 결과다.

 하지만 요즘 일부 언론보도를 보면 이런 따뜻한 채찍질과는 거리가 멀다. 애정은커녕, 사사건건 물어뜯으며 혼란을 부추기는 채찍질에 가깝다. 특히, 일부 좌파 성향 언론이 내놓는 보도는 비판을 가장한 왜곡으로, 때로는 사회적 신뢰와 질서를 뒤흔들려는 의도로까지 보인다.

 최근 사례를 하나 보자. 2024년 5월 23일, 한겨레 인터넷판에 실린 "정권 바뀌니 5개월 만에 잘려"라는 제목의 기사가 대표적이다. 이 기사에서 한겨레는 전북대학교 시간강사 차유미 씨 사례를 들어 정권 교체 이후 '물갈이 해고'가 이루어졌다는 주장을 펼쳤다. 이에 대해 당시 경제사회노동위원회(경사노위)의 김문수 위원장은 강력히 반박하며 "사실과 명백히 다르다"는 입장을 밝혔다.

사실은 무엇인가?
김문수 위원장이 공개한 반박 자료를 살펴보자.

1. 2022년 12월 진행된 임기제 공무원 채용시험은 철저히 외부 전문가들로 구성된 심사위원들이 공정하게 진행했으며, 새 정부 출범 이전부터 근무하던 13명의 공무원 중 9명이 재임용되었다.
2. 임기 연장은 관례가 아니라 성과평가와 행정안전부 정원협의 결과에 따라 결정된다.
3. 해당 공무원의 퇴직은 계약 종료가 아니라 명시된 임기의 만료에 따른 것이다.
4. 대법원의 확고한 판례에 따라 임기제 공무원에게 '갱신 기대권'은 인정되지 않는다.

이처럼 명확한 반박 근거에도 불구하고, 기사는 대중에게 오해를 불러일으키며 갈등을 부추겼다.

김문수, 그는 누구인가?

그는 노동자의 권리를 위해 싸우다 제적당한 뒤, 20여 년 만에 서울대학교 졸업장을 받았다. 그가 말하는 노동은 단순한 투쟁이 아니다. 그는 "노동자는 대한민국 경제 기적과 민주화의 주역"이라며, 지금의 노동단체가 과거 노동자들의 전통을 왜곡하고 있다고 경고한다. 머리띠를 질끈 동여매고 격앙된 구호를 외치는 단체들을 향해 그는 묻는다.

"오늘날의 노조는 전통을 뒤엎고 도대체 어디로 가려 하는가? 진정 노동자를 위한 길이 무엇인지 스스로에게 물어야 한다."

김문수 위원장은 단호히 말했다.

"좌파 언론의 왜곡 보도나 비판에 흔들리지 않고, 한국노총을 비롯한 노동계가 경사노위에 다시 참여하도록 끝까지 설득하겠다."

그는 단순히 개인의 명예를 지키기 위한 싸움이 아니라, 대한민국 경제와 미래를 위한 싸움을 하고 있다.

2017년 12월 언론장악 반대 기자회견

김문수 위원장이여, 흔들리지 말라! 당신은 대한민국 공동체를 지키기 위해 임무를 부여받은 사람이다. 좌파 언론의 공격이 아무리 거세더라도, 박정희 대통령 시절부터 이어진 대한민국의 경제 기적과 산업화의 길을 되새기며 그 길을 흔들림 없이 걸어가길 바란다.

언론은 비판할 권리가 있지만, 그 비판은 사실과 신뢰 위에 세워져야 한다. 그렇지 않다면 그것은 비판이 아니라 왜곡이고, 갈등을 조장하는 무책임한 행동에 불과하다.

필자 또한 좌파 언론의 잘못된 보도가 보일 때마다 그것을 바로잡고, 청론탁설의 힘을 보태겠다. 당신의 싸움은 결코 혼자가 아니다.

12
역사는 기록하는 자의 것이다
- 김문수의 삼색 볼펜과 수첩

김문수, 그는 시대의 흐름을 읽고 스스로 변화를 선택한 정치인이었다. 그의 손에는 늘 수첩과 삼색 볼펜이 들려 있었고, 그 안에는 그의 철학과 역사가 기록되어 있었다. 과거를 찬양하기보다 현재의 위대함을 강조하며, 대한민국이 걸어온 길을 날카로운 시선으로 분석했다. 그에게 정치는 단순한 권력의 장이 아니었다. 그것은 기록하고, 실천하고, 변화를 만들어내는 과정이었다. 그는 늘 말했다. "천재의 기억보다 바보의 기록이 정확하다." 그리고 그는 그 누구보다 치열하게 기록하며 살아왔다.

김문수의 삼색 볼펜과 그동안 기록해온 수첩들

"과거가 아닌 현재를 기록하다"

과거의 영광을 기리는 대신 그는 현재의 성취에 집중했다. 광개토대왕의 고구려도, 세종대왕의 조선도 오늘의 대한민국만큼 위대하지 않았다고 단언하며, 역사의 중심을 과거에서 현재로 옮겨야 한다고 주장했다. 그러나 그의 시선은 단순한 시대 비교에 머물지 않았다. 광화문 광장에 세워진 이순신과 세종대왕의 동상을 바라보며 그는 질문을 던졌다. "왜 대한민국을 있게 한 이승만과 박정희의 동상은 없는가?"

이는 즉흥적인 외침이 아니었다. 그의 모든 주장은 기록에서 비롯되었고, 그의 신념은 늘 수첩 속에 각인되어 있었다.

"혁명에서 현실 정치로"

그의 삶은 한때 혁명의 불꽃이었다. 체 게바라를 동경하고 사회주의를 신봉하던 그였지만, 1990년대 들어 그는 완전히 새로운 길을 택했다. 베를린 장벽이 무너지고 사회주의가 몰락하는 현실 앞에서 그는 깨달았다. 혁명은 하루아침에 완성되지 않으며, 이상보다 현실이 더욱 냉혹하다는 것을. 그는 투쟁이 아닌 정치의 길을 선택했다.

그의 변화는 극적이었다. 노동자의 해방을 외치던 인물이 보수 정당의 국회의원이 되었고, '변절자'라는 비판을 피할 수 없었다. 그러나 그는 자신의 선택을 부정하지 않았다. 현실 속에서 이상을 실현하는 방법을 고민하며, 정치적 신념을 행동으로 옮겼다. 경기도지사로서, 노동부 장관으로서 그는 자신이 선택한 길을 굳건하게 걸어왔다.

"기록하는 정치, 실천하는 정책"

그의 철학은 곧 기록이었다. 초등학교 시절부터 시작된 메모 습관은 정치 인생 내내 지속되었고, 그의 손끝에서 태어난 글씨 하나하나는 정책의 밑거름이 되었다. 검은색으로 기본적인 내용을 적고, 파란색으로 중요한 정보를 강조하며, 빨간색으로 핵심을 표시하는 삼색 볼펜의 원칙은 그의 정치 스타일을 압축적으로 보여주는 상징이었다. 그는 기억을 믿지 않았고, 오직 기록만을 신뢰했다.

그가 경기도지사 시절, 도민들을 만나면 들려오는 하소연, 기업들의 애로사항, 공무원들과 논의한 정책 방향까지 모든 것이 그의 수첩에 담겼다. 그렇게 쌓인 기록들은 하나의 데이터가 되었고, 데이터는 곧 정책으로 이어졌다. 그의 도정 운영 방식은 결코 보여주기식이 아니었다. "기억하는 천재보다 메모하는 바보가 세상을 바꾼다"라는 그의 신념 아래, 그는 경기도를 누비며 도민들의 목소리를 직접 들었고, 이를 정책으로 실현했다. 약속은 말이 아니라 기록을 통해 지켜지는 것이라 믿었다. 그래서 그는 '약속의 정치인'이라 불렸다.

"삼색 볼펜이 남긴 유산"

그가 마지막으로 경기도청을 떠나던 날, 공무원들은 그에게 삼색 볼펜을 선물했다. 값비싼 만년필이 아니라 그가 평생 사용해온 소박한 삼색 볼펜 한 자루. 하지만 그 속에는 8년 동안 함께한 이들이 전하는 존경과 바람이 담겨 있었다. 빨강은 열정과 혁명을, 파랑은 냉정과 평화를, 검정은 통합을 의미했다.

공무원들은 이 볼펜이 평범한 필기구가 아니라 그의 정치 철학 그 자체라고 생각했다. 기록을 중시하는 정치인, 현장에서 답을 찾는 지도자, 실천을 통해 정책을 만드는 리더. 그의 정치 여정이 함축된 작은 도구였다.

"노동부 장관이 된 지금도, 기록은 계속된다"

그의 기록 습관은 경기도지사를 넘어 노동부 장관이 된 지금까지도 변함없이 이어지고 있다. 그는 여전히 수첩을 펼쳐 놓고 노동자들의 목소리를 듣고, 정책을 고민하며, 해결책을 기록한다. 노동 현장의 작은 변화까지 놓치지 않기 위해, 그는 지금도 삼색 볼펜으로 메모하며 길을 찾는다. 그의 신념은 달라지지 않았다. 기록이 정책이 되고, 정책이 현실이 된다는 믿음이 그를 움직이게 한다.

그의 손끝에서 태어난 기록들은 단순한 메모를 넘어 하나의 유산이 되었다. 흔하디흔한 3천 원짜리 볼펜 한 자루가 금장 만년필보다 더 깊은 의미를 가지듯, 그의 수첩과 삼색 볼펜은 후대 정치인들에게 하나의 길잡이가 될 것이다. 그는 역사의 흐름을 기록하며 현실을 바꿔온 정치인이었다. 역사는 기록하는 자의 것이다. 그리고 김문수는 기록을 통해, 자신만의 역사를 남기고 있다.

Chapter 3

난세의 영웅, 김문수

01 **염근리(廉謹吏) 김문수,
   민주화운동 보상금을 거부하다**
02 윤석열 대통령과 김문수의 역사적 동행
03 비난 속에서도 흔들리지 않는 김문수
04 국민을 위한 길을 걸어가다
05 고용노동부 장관의 큰 그림
06 건국정신과 미래비전, 이승만과 김문수
07 애끓는 충정으로, 박정희 대통령 추도사
08 시대의 불꽃, 장기표와 김문수의 동행
09 '김문수 대세론', 시대를 관통하다
10 탄핵과 혼돈의 대한민국, 김문수가 답이다!
11 김문수, 인민재판 같았던 '기립 사과' 거부
12 계엄이 내란? 법에도 없는 등식
13 헌법재판소가 대통령을 파면할 자격이 있는가?
14 다시 정의를 찾는 길, 김문수를 주목하라

01
염근리(廉謹吏) 김문수,
민주화운동 보상금을 거부하다

　김문수는 우리 시대가 찾는 염근리(廉謹吏)이다. 염근리란 살아있는 동안 재물에 욕심내지 않고, 권력을 탐하지 않는 깨끗한 관리이다. 다산 정약용이 『목민심서』에서 강조한 공자의 가르침처럼, 청렴은 예나 지금이나 공직자가 가져야 할 최고의 덕목이다.

　조선 5백 년 동안 청백리로 선정된 관리는 불과 218명에 지나지 않았다. 오늘날 정치판에서 염근리라 부를 만한 인물이 얼마나 될까. 지금의 현실은 오히려 범죄자라는 꼬리표 없이는 정치가로 인정받지 못하는 듯하다. 이재명, 조국, 문재인 같은 사례만 봐도 김문수 같은 인물이 더 빛나 보이는 이유이다.

　김문수는 3선 국회의원과 재선 경기지사라는 화려한 이력을 가지고 있다. 하지만 그보다 더 주목할 점은 민주화운동 보상금을 거부한 그의 선택이다. 그는 젊은 시절 민주화운동은 나라를 위한 일이었으며, 그 대가로 돈을 받을 수 없다고 단호히 말했다. 국가를 위한 행동에 대해 금전적 보상을 받는 것은 온당치 않다는 것이 그의 철학이다. 그의 가족 역시 이와 관련된 이야기를 일절 언급하지 않는다.

민주화운동 보상금은 그 금액만 수억 원대이며, 10년이 넘는 시간 동안 이자까지 불어났다. 하지만 그는 끝내 손대지 않았다. 이는 그의 민주화운동 이력이 얼마나 깊은지 방증하는 대목이다. 두 번의 제적과 투옥, 노동운동 투신, 청계천 피복공장에서의 노동, 전태일기념사업회 활동 등 그가 걸어온 길은 '한국 노동운동의 상징'이라는 별칭을 낳았다. 그는 어떤 상황에서도 자신의 신념을 굽히지 않았다.

노동운동 시절의 김문수

김문수는 부동산으로 서울 관악구 봉천동에 24평 낡은 아파트 한 채만을 보유하고 있다. 5억 원이 채 안 되며, 전체 재산은 약 8억 원으로 알려졌다. 지금까지 부인 설난영 여사도 사치와는 담을 쌓고 살았다. 이러한 삶의 태도는 정치인들이 국민에게 보여주는 화려한 이미지와는 거리가 멀다. 소박하고 검소한 생활 속에서 그는 진정한 청렴을 실천하고 있다. 대한민국에서 정치인이란 권력과 재산을 쌓는 자리로 여겨지는 경우가 많다. 하지만 김문수는 오히려 반대의 길을 걸어왔다. 민주화운동에 헌신하고, 노동운동에 몸을 던졌으며, 권력을 잡은 이후에도 스스로를 돌아보는 자세를 견지해왔다.

그의 민주화운동 경력은 단순한 이력이 아니다. 그는 시대의 흐름을 읽고, 약자들의 편에 서서 행동한 인물이다. 그의 선택은 자신의 신념과 일관된 삶을 이어가겠다는 의지의 표현이다. 많은 민주화운동 참여자들이 보상을 받는 상황에서도 그는 흔들리지 않았다. 이는 그의 철학과 가치관이 그대로 드러나는 대목이다.

그가 민주화운동 보상금을 거부한 것은 민주화운동이 돈을 위한 투쟁이 아니라, 조국과 국민을 위한 희생이었다고 믿었기 때문이다. 그의 행동은 '보상 없는 헌신'이라는 가치를 상징적으로 보여준다. 보상을 거부하는 것은 결코 쉬운 일이 아니다. 많은 사람들이 당연한 권리로 여기는 돈을 마다하는 것은 더 큰 가치를 지키기 위한 결단이었다.

그의 이런 모습은 현재 대한민국의 정치 환경에서 더욱 돋보인다. 정치는 점점 더 물질적 이익과 권력 싸움으로 변질되고 있다. 공직자들이 각종 특혜를 받고, 자신들의 이익을 위해 법을 편리하게 해석하는 일이 비일비재하다. 이런 현실 속에서 김문수의 선택은 더욱 특별하다. 정치인의 도덕성과 청렴성이 사라지고 있는 시점에서 그는 반대로 신념과 철학을 지켜왔다.

그는 민주화운동을 함께했던 이들과도 차별화된 길을 걸어왔다. 보상을 받고 기득권층이 된 이들이 있는 반면, 그는 여전히 노동자의 편에서, 서민들의 입장에서 세상을 바라본다. 그의 소박한 생활은 그가 민주화운동 당시 가졌던 초심을 유지하고 있음을 보여준다.

2012년, 32주년 5·18민주화운동 기념식 참석 (오른쪽에서 두 번째)

김문수의 청렴한 태도는 대한민국 정치와 공직 사회가 나아가야 할 방향을 제시하는 중요한 사례이다. 지금 대한민국은 신뢰할 수 있는 정치인을 찾기 어려운 시대를 맞이하고 있다. 공직자들이 특혜와 부정부패에 물들어가는 상황에서, 김문수의 행보는 희망의 메시지를 전한다. 청렴한 정치인은 희귀해졌지만, 그 희귀함 속에서 김문수는 더욱 빛난다.

김문수 같은 염근리가 더 많이 발굴되어야 한다. 공직자들이 국민의 신뢰를 얻고, 국민이 다시금 국가에 희망을 품게 되는 날이 오길 기대한다. 청렴은 한 시대의 구호가 아니라, 모든 시대를 관통하는 가치이다.

02
윤석열 대통령과 김문수의 역사적 동행

대한민국의 변화는 종종 리더의 선택에서 시작된다. 2024년 7월, 윤석열 대통령이 김문수를 고용노동부 장관 후보자로 내정했다는 소식은 노동계와 정치권 모두에 적지 않은 파장을 일으켰다. 누구보다 뜨거운 노동운동의 길을 걸어온 김문수의 이름은 단순한 인사가 아닌, 강력한 메시지를 담고 있다.

윤 대통령의 인재 발탁은 언제나 주목을 받아왔다. 그가 보여준 결단력은 단순히 경력을 쌓은 인물을 선택하는 데 그치지 않고, 변화의 방향성을 명확히 제시하는 데 있다. 이번 선택 역시 다르지 않다.

김문수 내정자의 이야기에 앞서, 조선 시대 다산 정약용이 기록한 목민관 유의(柳誼)의 일화를 떠올려보자.

유의는 목민관으로 재직하던 중 흉년을 맞았다. 길거리를 떠도는 유리걸식자 몇 명을 발견한 그는 그들을 마방으로 데

려와 죽을 먹이고 몸을 녹이게 했다. 주변 관리들이 "이들을 편안히 해주면 더 많은 걸식자가 몰려와 감당할 수 없을 것"이라며 만류했지만, 유의는 이렇게 답했다.

"유리걸식자의 수는 정해져 있다. 내 힘이 닿는 한 받아들이고, 힘이 다하면 그때 보내는 것이 옳지 않겠는가?"

다산은 이 말을 두고 "지금까지도 그 말에 감복한다"며 그의 인간됨을 높이 평가했다. 가장 어려운 순간에 은혜를 베풀었던 유의의 목민관 정신은 여전히 우리에게 울림을 준다.

고용노동부 장관 후보자로 내정된 김문수는 내정 직후 성명을 발표했다. 그의 다짐은 단순한 포부를 넘어, 노동자를 향한 진심 어린 약속으로 가득 차 있다.

"저는 부족한 점이 많은 사람임에도 불구하고, 대통령께서 저를 고용노동부장관 후보자로 지명하셨습니다.
　제가 부족한 만큼 한국노총을 비롯한 노동계와 경총을 비롯한 사용자단체, 국회와 노동관련 학계, 언론계의 말씀을 늘 경청하겠습니다.
　더 낮은 곳, 더 어려운 분들을, 더 자주 찾아뵙고, 현장의 생생한 말씀에 귀를 기울이겠습니다.
　윤석열 대통령의 법치주의 노동개혁은 지난 2년간 상당한 성과를 거두어 노사분규로 인한 노동 손실 일수가 대폭 감소되었습니다.
　노동개혁의 또 다른 과제인 노동약자 보호는 복잡하고 어려운 문제입니다.
　5인 미만 사업장이나 영세 중소기업 미조직 노동자들도 결혼해서 자녀를 가질 수 있는 소박한 꿈을 이룰 수 있도록 정부가 나서서 적극 도와드려야 하겠습니다.
　윤석열 대통령의 노동개혁이 성공하여 노사정이 모두 행복한 대한민국을 만드는 데 최선을 다하겠습니다."

　윤석열 대통령이 김문수를 선택한 이유는 명확하다. 노동

자와 현장을 깊이 이해하고, 약자를 품으며, 개혁을 실행할 의지가 있는 사람만이 이 중요한 자리에서 역할을 다할 수 있기 때문이다. 김문수는 노동 운동가로서의 삶과 정치인의 경력을 모두 가지고 있다. 그의 목소리는 정치적 수사가 아닌, 생생한 현장의 이야기로 채워져 있다.

　노동 약자를 위한 보호, 공정한 법치주의 확립, 그리고 노사정의 행복한 협력이라는 목표는 그리 간단한 일이 아니다. 하지만 김문수는 유의처럼, 자신이 감당할 수 있는 만큼 최선을 다하고, 그 이상의 길도 고민하며 나아갈 것이다.
　이번 선택이 노동자와 기업, 그리고 대한민국 국민 모두를 위한 새로운 길을 여는 시작이 되길 기대해 본다.

03
비난 속에서도
흔들리지 않는 김문수

 김문수 고용노동부 장관 내정자를 둘러싼 논란이 또다시 언론의 도마 위에 올랐다. 이번엔 경향신문이 나섰다. 9일, 국회 환경노동위원회 이용우 더불어민주당 의원이 발표한 자료를 근거로 김 내정자를 비난하며 그의 유튜브 채널 '김문수TV'를 문제 삼았다.

 2019년부터 2022년까지 운영된 '김문수TV'가 약 5억 원의 수익을 올렸으며, 그가 경제사회노동위원회(경사노위) 위원장으로 임명된 후 채널을 삭제했다는 점을 꼬집은 것이다. 문제는 채널의 극우적 발언이라며 그의 과거를 지우려 한다는 비난이었다.

 이용우 의원은 이렇게 말했다.
 "김문수 내정자는 반노동·극우적 발언을 일삼는 막말의 아이콘입니다. 노동정책을 맡길 수 없는 사람이며, 그의 유튜

유튜브 채널 '김문수TV' 영상

브 채널 삭제는 국민을 속이려는 의도입니다. 지금이라도 모든 영상을 복구하고 검증받아야 합니다. 그렇지 못하다면 유튜버로 돌아가는 것이 마땅합니다."

이와 같은 비난에 김문수 내정자는 입장을 밝혔다. 그는 2022년 MBC 라디오에서 채널 폐쇄 이유에 대해 이렇게 말했다.

"유튜브를 하다 보면 말을 세게 하게 되는 경우가 있습니다. 제가 그렇게까지 세게 한 건 아니라고 생각하지만, 그런 발언들로 비판을 받는 상황이 되더군요. 유튜브를 계속했다면 매일 논란이 이어질 것 같아 채널을 닫았습니다."

　그렇다면 김문수 내정자가 유튜브 채널을 폐쇄한 것이 법적으로 문제가 되는 것인가? 아니면 그가 방송 중 한 발언이 위법했다고 주장하는 것인가? 김문수 내정자는 여전히 흔들리지 않는다. 그는 지난 20여 년간 노동운동을 하며 얻은 경험으로 강경한 보수적 입장을 확립한 인물이다.

　반대로 묻고 싶다. 이용우 의원은 자신이 속한 정당 대표의 각종 범죄 의혹에 대해 단 한마디라도 한 적이 있는가? 만약 그렇지 않다면, 상대를 비난하기 전에 스스로의 처지를 돌아보는 것이 먼저일 것이다.

　김문수는 단순히 정치적인 이유나 명예를 좇지 않았다. 그는 한때 청계천에서 일하던 노동자였으며, 전국금속노동조합과 전태일기념사업회 등에서 중요한 역할을 했다. 그는 두 차례의 제적과 투옥을 겪으며 강경한 신념을 다져왔다. 그런 그가 이제는 보수적 길을 걷고 있으며, 그 신념은 어느 누구도 흔들 수 없다.

그가 남긴 흔적을 보면 그가 왜 이렇게 강경한 신념을 지켜왔는지 이해할 수 있다. 그는 박정희 대통령처럼 염근리(廉謹吏)로 살아가며, 청백리(淸白吏)의 길을 걸을 것이다. 이제 김문수 내정자를 향한 비난은 끝이 나야 한다. 그가 과거를 지우려고 애쓰거나 속이려는 인물이 아님을 확실히 보여주었기 때문이다.

그의 길을 존중해야 한다. 김문수 내정자는 자신의 과거를 부끄러워하지 않으며, 오히려 국민을 위해 그의 길을 계속 걸어갈 것이다. 비난 속에서도 흔들림 없이, 그는 자신의 신념을 지키며 나아갈 것이다.

04
국민을 위한 길을 걸어가다

2024년 8월, 윤석열 대통령이 김문수 고용노동부 장관 임명안을 재가했다. 김문수 장관이 된 것이다.

그는 한평생 검소함과 올곧음을 잃지 않으며 국민들의 롤모델로 자리잡았다. 지금도 여전히 4억 원짜리 24평 아파트에서 살고 있는 김문수 장관은 대한민국 고위공직자 중에서도 청렴결백의 상징으로 솔선수범한 인물이다.

2024년 8월, 윤석열 대통령이 김문수 고용노동부 장관에게 임명장을 수여한 뒤 악수하고 있다.

그의 정치 이력은 화려하다. 3선 국회의원(15·16·17대)과 재선 경기지사(32·33대)로 활약했다. 그러나 그가 민주화운동에 대한 보상금을 나라에 되돌려 준 사실은 잘 알려지지 않았다.

김문수 장관 후보자는 26일 서울 여의도 국회 환경노동위원회에서 열린 인사청문회에서 야당의 거센 반대에 부딪혔다. 진보당 정혜경 의원은 "세금 기생충 뉴라이트"라며 사퇴를 촉구했고, 더불어민주당의 강득구 의원을 비롯한 많은 야당 의원들이 그의 과거 발언과 행적을 문제 삼았다. 이에 대해 김문수 후보자는 "사퇴하지 않겠다"고 단호히 거부했다.

여당, 국민의힘 반응

김문수 후보자에 대한 여당의 반응은 한마디로 긍정적이었다. 국민의힘 우재준 의원은 김 후보자가 노동운동가 출신으로 현장 경험이 풍부하다며, 고용노동부 장관으로서 매우 적합하다고 강조했다. "말씀 중에 우려되는 부분이 있을 수도 있지만, 그가 살아온 모습엔 전혀 부끄러운 점이 없다"고 말했다.

국민의힘의 또 다른 의원인 조지연 의원은 "김문수 후보자는 표현의 일부만 가지고 그를 재단할 수는 없다"며, 그가 재야에 있을 때부터 해온 많은 활동들을 고려해야 한다고 덧붙였다. 한국노총 출신인 임이자 의원 역시 김 후보자의 능력과 자질을 인정하며, 문제 된 과거 발언에 대해선 유감을 표명할 부분이 있음을 인정했다.

야당, 더불어민주당과 진보당의 반응

반면, 야당은 김문수 후보자의 과거 발언과 행동을 집중적으로 문제 삼으며, 임명에 반대하는 입장을 고수했다. 김태선 의원은 그를 "헌법과 민주주의를 파괴한 인물"이라며 사퇴를 촉구했고, 이용우 의원은 그가 여러 차례 논란을 일으킨 발언에 대해 "2차 가해"라며 청문회 진행을 중단하자고 주장했다.

김주영 의원은 "도지사로 재직 중 한 발언들이 과거의 그를 다시 떠오르게 한다"며, "그가 말한 내용들로 인해 미래를 이야기하는 자리가 아니라 과거의 발언들에 대해 다시 논의하는 자리로 변질됐다"고 비판했다.

이번 청문회에서 눈에 띄는 또 다른 인물은 홍준표 대구시장이다. 홍 시장은 김문수 후보자가 건국절 논란과 관련해 말을 아끼지 않았다고 질타했으나, 그가 내놓은 의견은 무색하게도 명중하지 못했다. 김문수 장관이 옳은 말을 했던 상황에서 홍 시장의 비판은 공허하게 느껴졌고, 결국 "지혜롭지 못하다"는 비판을 받았다.

김문수 장관 후보자는 그 어떤 공격에도 굴복하지 않겠다는 의지를 밝혔다. 야당의 비난 속에서도 흔들림 없이, 오히려 국가와 국민을 위한 길을 걷겠다고 선언했다. 그는 이미 그 길을 걸어온 인물이다.

광우병, 천안함, 세월호, 사드, 후쿠시마 오염수 등 국론을 분열시키는 괴담들이 난무한 상황에서도, 김문수 장관은 자신이 가야 할 길을 뚜벅뚜벅 걸어온 사람이다. 앞으로도 그의 길은 결코 쉽지 않겠지만, 국가를 위한 희생과 결단을 통해 어떠한 길이라도 강건하게 걸어갈 것이라 믿는다.

05
고용노동부 장관의
큰 그림

2024년 11월 3일 오전 8시, KBS 일요진단 프로그램에서 "김문수 고용노동부 장관 60분 대담"이라는 메시지가 단톡방에 올라왔다. 필자는 서둘러 아침 운동을 마친 후 TV 앞에 앉았다. 60분 동안 김문수 장관의 답변을 들으며, 그의 확고한 신념과 정책에 대한 비전을 똑똑히 깨달을 수 있었다. "역시, 김문수!"

김문수 장관은 신념이 뚜렷한 인물이다. 그 신념은 20여 년 간의 노동운동 경험 속에서 단련된 결과물이다. 서울대에서 퇴학당하고, 여러 번의 어려움을 겪으며 그가 얻은 '노동에 대한 확신'은 그 누구보다 강하다. 이 신념은 고용노동부 장관이라는 자리에서 그가 어떤 방향으로 나아가야 할지에 대한 분명한 기준이 되어준다.

이번 대담에서 나온 주요 내용을 정리해 보면,

1. 정년 연장과 임금 문제

김 장관은 정년 연장에 대해 "청년들의 일자리 문제도 중요하지만, 노인들의 일자리 문제도 같이 고려해야 한다"며 정부의 입장을 밝혔다.

"정년을 62세, 63세로 올리려면 그만큼 젊은이들의 고용 문제가 생길 수 있다. 또한, 호봉제를 고수하면서 정년만 늘리는 것보다는, 정년 후 임금 피크제를 도입하는 방향이 더 필요하다"고 말했다.

그는 일본의 경제적 경험을 언급하며, "일본은 고용 안정에 중점을 두었고, 우리가 그 방향으로 가게 될 것"이라며 경고했다.

2. 노동 약자에 대한 정의

김 장관은 "라이더, 대리운전 기사, 소규모 사업장의 노동자들, 특히 여성 노동자들이 바로 노동 약자이며, 이들을 위한 보호가 절실하다"고 말했다.

"이 약자들은 대부분 노조에 소속되지 않기 때문에 정부의 지원이 반드시 필요하다"는 입장이다.

3. 노조와의 관계

김 장관은 자신이 노동운동을 해온 사람임을 강조하며, "노조를 적대적으로 대하지 않는다"는 입장을 밝혔다. 그러나 그는 "노조가 자신들의 이익을 우선시하고, 대기업에서만 파업하며 최저임금 노동자들의 목소리를 외면하는 모습은 바람직하지 않다"고 비판했다.

"노조는 약자들에게도 관심을 가져야 하며, 정부 또한 이 문제에 집중할 것"이라고 말했다.

4. 윤석열 정부의 노동 개혁

김 장관은 "노동 개혁이 제대로 평가받지 못하고 있다"고 말하며, 그 이유로 "국회 의석수가 적고, 지지율이 낮아 입법이 제대로 이루어지지 않아서"라고 설명했다.

"윤석열 대통령은 정치 경력이 짧아, 정치적 표가 아니라

옳고 그름을 기준으로 정책을 추진하고 있다. 그러나 국민들은 때로 답답하게 느낄 수도 있다"는 점을 지적했다.

5. 기타 정책 내용

김 장관은 "최근 '육아지원 3법'이 통과되었고, 육아휴직 중에도 소득을 보장하는 법안을 추진하고 있다"고 밝혔다. "결혼율과 출산율이 조금씩 올라가고 있다는 점에서 긍정적인 변화를 기대하고 있다"고 덧붙였다.

또한, 필리핀 가사관리사 제도가 예상보다 큰 만족도를 얻었다고 전하며, "일반 시민들에게 부담이 될 수 있다는 우려가 있지만, 주로 부유층을 위한 제도라는 점을 인정한다"고 말했다.

김문수 장관의 대담을 보며, 그는 명확한 방향성과 신념을 가지고 있음을 느낄 수 있었다. 그는 정부와 노사 간의 거리가 멀어지면 결국 둘 다 손해를 본다는 사실을 깊이 이해하고 있었다. 대담 내내 자신감 넘치는 모습은, 그가 이끌어가야 할 정책이 얼마나 확고한지, 그리고 그가 이루려는 목표가 무엇인지 잘 보여줬다.

그가 이끄는 고용노동부는 단순히 노사 간 갈등을 해소하는 것을 넘어서, 노동자들의 권리를 실질적으로 보호하고, 더 나은 일터 환경을 만들기 위한 중요한 전환점을 마련할 것이다. 노동자와 정부가 손을 맞잡고, 서로를 이해하고 협력하는 길만이 진정한 변화의 시작임을 그는 확신하고 있다.

진정한 노동 개혁을 통해 대한민국 노동의 미래는 새롭게 그려질 것이며, 그 변화의 중심에는 김문수 장관이 있다. 이제 그가 이끌어갈 노동 개혁이 대한민국의 노사관계를 어떻게 바꿀지, 그 혁신적 결과는 경제적 변화를 넘어, 우리 사회 전반에 깊은 영향을 미칠 것이다.

06
건국정신과 미래비전, 이승만과 김문수

지금 대한민국은 정치적 혼란과 사회적 불안 속에서 깊은 위기에 빠져 있다. 지도자의 부재와 국민 간의 분열은 해결의 실마리를 찾기 어렵게 만들고 있다. 경제적 불확실성은 여전히 해소되지 않고, 정치적 대립은 국가의 미래를 암울하게 하고 있다. 이러한 혼란 속에서 대한민국은 또 한 번 중요한 갈림길에 서 있다.

이럴 때일수록 우리는 과거의 위기 속에서 나라를 지켜낸 지도자들의 지혜를 돌아봐야 한다. 건국 대통령 이승만은 일제 강점기와 해방 후의 혼란 속에서 자유민주주의 국가로서 대한민국을 설계하고 이끌어낸 인물이다. 그의 리더십과 통찰력은 단지 과거의 유산이 아니라, 오늘날 우리에게 여전히 중요한 교훈을 남기고 있다. 그리고 현재, 이승만의 정신을 이어받아 오늘날 대한민국을 다시 한번 바로 세울 지도자가 필요하다.

그리고 그 지도자로서 오늘날 김문수 노동부 장관의 이름이 떠오른다. 김문수 장관은 단순히 정치적 지도자가 아니라, 대한민국의 자유와 민주주의를 수호하기 위해 싸워온 인물이다. 그는 오래전부터 사회적 약자와 노동자들의 권리를 옹호하며, 국가의 기틀을 다지기 위해 애써온 인물이다. 이제 그가 이승만의 정신을 이어받아 대한민국을 지키고 이끌어나갈 적임자라는 점에서 주목받는다. 김문수 장관의 삶과 경륜은 그가 지금 이 시점에서 가장 필요한 지도자임을 증명하고 있으며, 그의 리더십은 분열된 사회와 정치적 혼란을 치유하고, 국민들에게 희망을 되돌려줄 수 있을 것이다.

2018년 김문수 전 경기지사가 우남이승만애국상 시상식에서 축사를 하고 있다.

"자유대한민국의 설계자, 이승만"

 이승만은 단순히 독립운동가가 아니었다. 그는 해방 후의 혼란 속에서 자유민주주의를 기반으로 한 국가를 건설하고, 대한민국을 국제사회에 당당히 자리 잡게 한 지도자였다. 일본의 침략과 공산주의의 위협 속에서도 대한민국을 지켜낸 그의 결단력은 오늘날에도 높이 평가받는다.

 특히 1953년 체결된 한미상호방위조약은 그의 반공정신과 국가 생존 전략의 결정체였다. 이승만은 국제 정세를 꿰뚫는 통찰력으로 대한민국의 생존과 번영의 기틀을 마련했다. 오늘날 우리가 누리는 자유와 번영은 그의 결단에서 비롯된 것이다. 그의 리더십은 오늘날 혼란 속에서도 우리가 배워야 할 가치 있는 자산이다.

2023년 7월, 김문수 경제사회노동위원장이 국립서울현충원에서 열린 이승만 건국대통령 서거 58주기 추모식에서 추모사를 하고 있다.

"자유민주주의의 새로운 수호자, 김문수"

오늘날 이승만의 정신을 계승할 지도자로 김문수 경제사회노동위원회 위원장이 떠오르고 있다. 김문수 위원장은 단순한 정치인이 아니라, 사회적 약자를 대변하며 자유민주주의 가치를 지켜온 인물이다. 젊은 시절 노동 현장에서 약자들의 삶을 체험하며 목소리를 대변해온 그는, 시간이 지나면서 대한민국의 근본 가치를 수호하는 지도자로 성장했다.

그는 최근 강연에서 이승만의 업적을 재조명하며 자유민주주의의 중요성을 설파했다. 단순히 과거를 회고하는 데 그치지 않고, 현재의 혼란을 해결할 실질적인 비전을 제시하고 있다. 김문수의 메시지는 이념을 뛰어넘어, 분열된 사회를 통합하고 국민의 신뢰를 회복하는 데 초점이 맞춰져 있다. 그의 리더십은 지금 대한민국에 절실히 필요한 덕목이다.

"위기의 시대, 김문수의 리더십"

대한민국은 다시 한번 중대한 기로에 서 있다. 정치적 분열과 이념 갈등은 국가의 기초를 흔들고 있다. 이런 상황 속에서 김문수 위원장은 단순한 행정가의 역할을 넘어, 국가적 방향성을 제시할 지도자로 부상하고 있다. 그의 경륜과 경험은 대한민국의 미래를 위한 중요한 자산이다.

김문수는 이승만이 그러했듯, 대한민국의 자유와 민주주의를 지키기 위한 버팀목이 될 수 있는 인물이다. 그는 국민에게 희망을 되돌려주고, 분열된 사회를 통합할 리더십을 보여주고 있다. 그의 결단과 비전은 대한민국을 새로운 도약으로 이끌 가능성을 담고 있다.

"새로운 시대의 영웅을 기다리며"

이승만은 혼란 속에서 대한민국을 건국했고, 김문수는 오늘날의 난세 속에서 대한민국을 지킬 새로운 영웅으로 떠오르고 있다. 그는 과거의 경험에 안주하지 않고, 대한민국의 미래를 설계하려는 지도자다. 이승만이 공산주의의 위험을 경고하며 자유민주주의를 선택한 것처럼, 김문수 역시 대한민국의 근본 가치를 수호하며 국민의 신뢰를 되찾기 위해 노력하고 있다.

지금이야말로 그가 이끌어갈 대한민국의 미래를 주목해야 할 때다. 위기를 기회로 바꾸는 그의 리더십은 대한민국의 새로운 희망이 될 것이다.

2018년 이승만 대통령 동상 앞에서

2022년 이승만 VR기념관 개관 기념식에서 인사말을 하는 김문수

07
애끓는 충정으로,
박정희 대통령 추도사

요즘 박정희 대통령 추도사가 다시금 장안의 화제다. 2019년 김문수가 낭독한, 박정희 대통령 40주년 추도사가 바로 그것이다. 이 추도사는 그 시기에도 큰 반향을 일으켰지만, 지금도 여전히 많은 이들에게 깊은 울림을 전하고 있다.

박정희 대통령은 현대 한국사의 굴곡 속에서 누구도 부정할 수 없는 족적을 남긴 분이다. 그를 추도하는 목소리들은 종종 각자의 입장에 따라 편향되거나 단편적으로 비치곤 한다. 하지만 운동권 출신으로 박정희 정권에 맞섰던 김문수가 직접 그 영전에 바친 진심 어린 추도사는 과거의 대립을 넘어선 성찰과 화해의 새로운 모범을 제시한다.

김문수가 고백한 '반대했던 과거'와 '이제는 추도하는 현재' 사이의 간극은 단순히 한 사람의 전환을 넘어, 한국 사회가 나아가야 할 화합과 통합의 방향성을 담고 있다. 그가 추도사에서 보여준 진정성은 단순히 과거를 평가하거나 개인의 회고를 넘어, 이 시대에 필요한 용기 있는 태도를 의미한다. 더 나아가, 우리가 마주한 복잡한 현실 속에서도 인간과 역사 앞에 진실된 태도를 가져야 한다는 교훈을 던져준다.

김문수가 어떤 마음으로 이 추모사를 썼는지, 함께 읽으며 그 울림의 깊이를 느껴볼 필요가 있기에, 그 전문을 소개한다.

박정희 대통령 각하 영전에 (朴正熙 大統領 閣下 靈前)

40년 전 오늘, 당신께서는 너무도 갑작스럽게 저희들 곁을 떠나셨습니다.

그날 저는 사회주의 혁명을 꿈꾸며 대학에서 두 번 제적된 후 공장에 위장 취업해 있었습니다.

한일공업 노동조합 분회장으로서 출근길 지하철 바닥에 뿌려지는 '박정희 대통령 유고' 호외를 보고 깜짝 놀라면서도, 한편으로는 '이제 유신독재가 끝나고 민주화가 되겠구나' 가슴이 두근거리기도 했습니다.

저는 고등학교 3학년 때 당신의 3선 개헌에 반대하는 시위로 무기정학 되었습니다.

교련 반대, 유신 반대로 대학을 두 번 쫓겨났습니다.

경부고속도로가 히틀러의 아우토반처럼 독재 강화의 수단이라는 운동권 선배들의 가르침대로 저도 반대했습니다.

그러나 36년 뒤 제가 도지사가 되어서야 경기북부 전방지역 발전을 위해서 고속도로 건설이 필수적임을 깨닫고, 당신의 선견지명에 반대했던 제가 너무 부끄러웠습니다.

마이 카 시대를 외치던 당신을 향해 히틀러 나치 독재의 국민차 '폭스바겐'식 선동이라며 대학교수들과 우리 대학생들은 반대했지요.

우리나라는 자동차 제조기술도, 자본도, 시장도 없고, 후진국에서 그 어떤 나라도 자동차를 성공시킨 사례가 없다며, 조목조목 근거를 대며 반대했습니다.

그러나 놀랍게도 당신은 우리나라를 세계 5대 자동차 생산대국으로 만들었습니다.

　제철, 자동차, 조선, 중화학, 전자, 방위산업 모든 부문에서 당신은 최고의 산업혁명가였습니다.

　포항, 울산, 구미, 창원, 안산, 신도시를 건설한 당신은 최고의 도시계획가였습니다.
　박정희 신도시는 첨단산업뿐만 아니라, 대학, 공원, 주거 모두 역사상 최고 수준의 복합 신도시를 최단 시간에 만들었습니다.

　고속도로, 지하철, 항만, 공항건설, 당신은 최고의 국토건설자였습니다.
　당신의 원대한 구상과 최첨단의 마스터플랜, 그리고 강력한 추진력은 세계 역사상 그 누구도 따라올 수 없는 한강의 기적을 이룩했습니다.

제가 늘 꿈꾸던 네 가지를, 제가 가장 미워했던 당신께서는 모두 이루어 주셨습니다.

첫째, 배부르게 먹는 꿈입니다.
농지개량, 통일벼생산, 비료공장건설, 댐건설, 간척지개발 등 농업혁명으로 오천 년 배고픔을 해결해 주셨습니다.

둘째, 건강과 장수의 꿈을 이루어 주셨습니다.
아파도 병원에 갈 수 없었던 어린 시절을 살아왔던 저희들에게 지금 같은 의료혁명은 꿈만 같습니다.
당신께서 추진하셨던 의료보험제도와 의료기술 수준은 미국인조차 부러워하고 있습니다.

셋째, 20대까지도 전기 없이 호롱불 켜고 살았던 저희들이 세계 최고 수준의 전기를 사용할 수 있게 된 것도 당신의 원자력 발전 덕택입니다.

넷째, 항상 물이 부족하여 먹을 물 받으러 양동이를 지고 줄 서서 기다리던 저희들이었습니다.
농업용수도, 공업용수도 모두 부족한 물 부족 국가에서 당신께서는 댐을 설하시고 산림녹화를 하시고, 수도시설을 발전시켜, 아무리 가물 때도 주방에서, 화장실에서, 맑은 물을 펑펑 쓸 수 있게 되었다니, 꿈만 같습니다.

당신이 가장 사랑하는 따님이자 저의 동년배인 박근혜 대통령은 촛불혁명 구호 아래 마녀사냥으로 탄핵되고 구속되어 32년 징역형을 선고받고 지금 병원에 입원 중입니다.

반공을 국시의 첫 번째로 삼으셨던 당신이 떠나신 후 40년 세월 동안 민주화가 도를 넘어 지금 대한민국은 종북 주사파가 집권하였습니다.

대한민국은 적화통일의 위기에 처했습니다.
빨갱이 · 기생충들이 나라를 벌겋게 물들이고, 한강의 기적을 허물어뜨리고 있습니다.

통혁당 주범 무기수 신영복을 가장 존경하는 사상가로 평창 올림픽에서 김여정과 세계 정상들을 향해 커밍아웃하는 김정은의 대변인 문재인이 대한민국 대통령이 되었습니다.

김정은을 칭송하며 위인으로 맞이하는 환영단이 생겼습니다.

우리 민족끼리를 외치며, 반일 죽창 투쟁을 선동하는 조국이 법무부장관이 되기도 했습니다.

당신께서 이룩하신 한강의 기적을 송두리째 무너뜨려 김정은에게 갖다 바치는 자가, 당신을 친일·반공·수구·적폐 세력으로 공격하며, 역사를 뒤집어엎고 있습니다.

한미동맹을 해체하고, 무상복지를 약속하며, 평화경제를 외치고 있습니다.

우리 민족끼리는 있어도 주적은 없다고 가르칩니다.

김정은이 핵·미사일로 전 세계를 위협하고 있는데도, 주사파 집권자는 이제 평화는 있어도 전쟁은 없어졌다고 거짓 선동을 반복하고 있습니다.

트럼프 대통령 국빈 방문 중에 트럼프 참수대회가 미국대사관 앞에서 열리기도 했습니다.

'미군 철수' 플래카드를 미국대사관 앞에 몇 년째 걸어 두어도 철거하지도 조사하지도 않는 나라가 되어 버렸습니다.

"싸우면서 일하자!" 당신의 구호입니다.

'국방과 경제'의 근본정신이요, 기본원리입니다.

소련·중공·북한 공산국가와 대치하는 최전방 대한민국에서도, 한강의 기적을 이루어낸 당신의 구호가 절실한 오늘입니다.

"우리 민족끼리 싸우지 말고 나눠 먹자!" 종북 주사파 문재인의 '평화경제' 구호입니다.

첫째, '우리 민족끼리' 김정은과 백두산 천지에서, 두 손 마주잡고 파안대소합니다.

김정은은 갑자기 싸움 상대가 아니라, '우리 민족끼리' 퍼주기 대상이 되어 버렸습니다.

김정은의 핵무기는 폐기 대상이 아니라, 美 제국주의자와 일제 침략 세력에 맞서는 '우리 민족'의 보검이랍니다.

둘째, 문재인은 평양까지 김정은을 찾아가서 9·19평양군사합의서로 NLL, DMZ, 정찰비행까지 김정은에게 다 내주어 버렸습니다.

셋째, 경제와 일자리의 주축인 기업을 '적폐세력'으로 몰아 다 죽이고 있습니다.
집권세력인 민주노총의 강성·만성 파업·시위로 기업은 문을 닫고, 자본 해외도피가 대세가 되어 버렸습니다.

넷째, 당신을 따라 "싸우면서 일하자!"고 하면, '시대착오 수구꼴통' 취급당하는 세태가 되어 버렸습니다.

일하지 않고 잘 사는 개인도, 기업도, 국가도 없음을 절감하신 당신이 외치던 "싸우면서 일하자!"는 외침이 그리운 오늘입니다.

"하면 된다"던 당신을 향하여, "할 수 없다"고 침을 뱉던 제가 이제는 당신의 무덤에 꽃을 바칩니다.

　당신의 꿈은 식민지 시대의 배고픔과 절망에서 자라났지만, 역사를 뛰어넘었고, 혁명적이었으며, 세계적이었습니다.

　당신의 업적은 당신의 비운을 뛰어넘어, 대한민국과 함께 영원할 것입니다.

　당신의 무덤에 침을 뱉는 그 어떤 자도, 당신이 이룬 한강의 기적을 뛰어넘지는 못할 것입니다.

　위대한 혁명가시여!

　당신의 따님, 우리가 구하겠습니다.

　당신의 업적, 우리가 지키겠습니다.

당신의 대한민국, 우리가 태극기 자유통일 이루겠습니다.

편히 쉬십시오.

2020년 10월 26일,

국립 서울 현충원

朴正熙 大統領 41週期 追悼式 김문수 齋拜.

2011년 박정희 전 대통령 생가 방문

08
시대의 불꽃,
장기표와 김문수의 동행

1960년대 말, 격동의 시대 한가운데서 서울대학교 법학과의 두 청년이 만났다. 장기표와 김문수. 그들은 처음부터 평범하지 않았다. 전태일의 분신 소식은 그들의 인생을 송두리째 뒤흔들었다. 청춘의 이상을 품은 그들은 각자의 방식으로 투쟁했고, 서로에게 동지가 되어주었다. 그 만남은 단지 개인적인 우정을 넘어, 한국 현대사의 한 페이지를 장식하는 굵직한 연결선이 되었다.

장기표는 '재야의 영원한 아이콘'으로, 김문수는 '노동운동의 대부'이자 정치인으로 불렸다. 둘은 서로 다른 길을 걸으면서도 민주주의와 노동자의 권리를 위한 싸움에서 끝내 같은 이상을 바라보았다. 시대는 이들을 갈라놓기도 했지만, 다시금 묶어주는 끈이 되었다. 그들의 이야기는 단지 과거의 사건이 아니라 지금을 살아가는 우리에게도 묵직한 질문을 던진다. "정의란 무엇인가? 우리는 어떤 세상을 만들어야 하는가?"

"청춘을 불태우다"

전태일 열사의 죽음이 한국 사회를 흔들었던 날, 장기표와 김문수는 뜨거운 청춘을 살고 있었다. 두 사람은 전태일의 희생이 단지 개인의 비극이 아니라 사회의 구조적 모순을 드러낸 사건임을 직감했다.

장기표는 사회주의적 사상을 품고 재야 운동에 투신했다. 그는 구속과 수배를 밥 먹듯 경험하며 불의에 맞섰다. 반면 김문수는 노동자의 삶 한가운데로 뛰어들었다. 공장에서 직접 노동하며 그들의 고통을 피부로 느끼고, 그들을 대변했다. 두 사람은 서로의 길을 존중했고, 때론 교차로에서 만나 뜨겁게 연대했다.

"모순 속에서도 이어진 동행"

민주화 이후, 두 사람의 길은 갈라졌다. 김문수는 정치권으로 들어가 노동자의 목소리를 제도권 안에서 대변하려 했다.

경기도지사, 고용노동부 장관 등 중요한 역할을 맡으며 변화의 바람을 일으켰다. 반면, 장기표는 끝까지 재야에 머물며 제도 밖에서 더 큰 변혁을 꿈꿨다.

하지만 그들의 우정은 변하지 않았다. 김문수는 중요한 순간마다 장기표를 찾아 조언을 구했고, 장기표는 김문수를 격려하며 그의 정치적 결정을 지지했다. 그들의 대화는 단지 개인적인 친분을 나누는 것을 넘어, 한국 사회의 미래를 논하는 자리였다.

"불꽃처럼 꺼지다"

2024년 9월 22일, 장기표가 세상을 떠났다. 김문수는 그의 빈소에서 깊은 슬픔에 잠겨 말했다. "그의 죽음은 단지 한 사람의 죽음이 아니라, 한 시대가 끝났음을 의미합니다."

그날의 장례식장에서 김문수는 장기표가 생전에 자주 하던 말을 떠올렸다. "특권을 내려놓아야 진정한 변화를 만들 수 있다." 그 말은 김문수에게만 던진 충고가 아니라, 우리 모두를 향한 메시지였다. 장기표는 불꽃처럼 살다 갔고, 그가 남긴 사랑과 정의의 메시지는 여전히 우리 가슴 속에 남아 있다.

"유산이 된 우정"

장기표와 김문수는 서로 다른 길을 걸었지만, 같은 꿈을 꾸었다. 민주주의와 노동자의 권리를 위한 그들의 헌신은 한국 현대사의 거대한 유산이 되었다. 그들의 우정은 단지 과거의 기억에 머물지 않는다. 지금 이 순간에도 우리는 그들이 남긴 발자취 속에서 길을 찾고 있다.

장기표가 떠난 뒤에도 그의 철학과 김문수의 열정은 계속해서 우리에게 묻고 있다. "당신은 어떤 세상을 꿈꾸는가?"

그들의 이야기는 끝난 것이 아니다. 두 동지가 함께 만들어낸 불꽃은 여전히 우리 사회를 밝히고 있다.

김문수 고용노동부 장관이 2024년 9월 22일, 서울 종로구 서울대학교병원 장례식장에 마련된 고 장기표 신문명정책연구원 원장 빈소에서 국민훈장 모란장을 추서하고 있다.

09
'김문수 대세론', 시대를 관통하다

2025년의 정치권은 요동치고 있다. 대권주자의 이름이 속속 등장하는 가운데, 한 이름이 보수층과 노동계, 그리고 국민의 입에서 동시에 오르내리고 있다. 바로 김문수 고용노동부 장관이다.

그의 존재감은 단순한 이력의 무게를 넘어선다. 전직 경기도지사이자 노동운동가로서의 경력을 갖춘 그는, 지금 대한민국 정치의 한가운데에서 차기 리더로서 주목받고 있다. 조기 대선 가능성이 제기되는 현 상황에서, 김문수라는 이름이 차기 대권의 중심에 떠오른 것은 우연이 아니다.

지지율 1위를 달리고 있는 그에게 국민은 무엇을 기대하고 있는 것일까? 김문수가 차기 리더로 적합한 이유는 무엇일까? 그의 발자취를 따라가 보면 답이 보인다.

"노동 현장에서 길어 올린 정치적 통찰"

김문수 장관의 정치 철학은 독특한 이력을 바탕으로 형성되었다. 그는 단순히 책상 앞에서 정책을 구상한 관료가 아니다. 노동 현장에서 직접 투쟁하며 길어 올린 경험은 그의 정치적 통찰에 깊이를 더했다.

노동운동가로 시작해 경기도지사와 고용노동부 장관을 역임하기까지, 그는 항상 약자의 편에 서고자 했다. 특히 고용노동부 장관 시절, 산업재해 예방을 위한 강력한 조치와 비정규직 문제 해소를 위한 정책은 현장의 신뢰를 얻었다. 그의 리더십은 단순히 '보수'라는 틀을 뛰어넘어, 국민의 생생한 목소리를 담아내는 데 성공했다는 평가를 받는다.

"강단과 유연함을 겸비한 실행력"

김문수는 단지 비전을 제시하는 정치인이 아니다. 그는 그 비전을 현실화할 실행력을 갖춘 리더다. 경기도지사 재임 시절, 그는 지역 경제 활성화를 위해 창의적이고 실질적인 대책을 실행하며 두각을 드러냈다.

고용노동부 장관으로서의 행보도 다르지 않다. 그는 노동자의 안전과 권리를 지키기 위해 과감한 정책을 추진했다. 단순한 '강경 보수' 이미지에 그치지 않고, 유연한 정책 집행으로 폭넓은 지지를 얻고 있다. 이러한 실행력은 불확실성이 가득한 오늘날의 정치권에서 더욱 빛난다.

"보수와 진보를 잇는 가교 역할"

김 장관은 보수의 가치를 지키면서도 진보적 이슈를 포용할 줄 아는 정치인이다. 이는 보수 진영의 지지를 넘어, 중도층과 진보층에게도 호소력을 가지는 이유다. 그는 경제 활성화와 노동시장 개혁, 사회적 약자 보호라는 명확한 목표를 통해 모두가 공감할 수 있는 비전을 제시해왔다. 이런 행보는 국민이 원하는 통합의 리더십을 보여주는 한 단면이다.

김문수라는 이름은 이제 보수 진영의 대권 후보만 뜻하는 것이 아니다. 그는 대한민국의 미래를 설계할 수 있는 리더로서 주목받고 있다. 노동운동가로 시작해 국민의 신뢰를 얻은 정치인으로 성장한 그의 발자취는 사회적 통합과 변화를 원하는 국민의 바람을 대변한다.

오늘날 대한민국은 새로운 리더를 갈망하고 있다. 분열과 대립을 넘어, 국민 모두의 목소리를 대변하며 미래를 향해 나아갈 지도자가 필요하다. 김문수 장관은 바로 그러한 시대적 요구에 부합하는 정치인이다.
차기 대권을 향한 그의 여정이 국민과 국가를 위한 새로운 장의 시작이 되기를 기대해 본다.

10
탄핵과 혼돈의 대한민국, 김문수가 답이다!

2025년, 대한민국은 역대급 혼란에 휩싸여 있다. 현직 대통령의 탄핵과 체포라는 초유의 사태는 정치적 지형을 완전히 뒤흔들었고, 국정 운영은 사실상 마비 상태다. 찬반으로 양분된 국민은 극심한 갈등 속에 서로를 불신하고, 정치 시스템은 신뢰를 잃은 지 오래다. 혼돈은 깊어만 가고, 국민은 더는 갈라진 정치와 리더십 부재를 참을 수 없는 지경에 이르렀다.

이 절체절명의 위기 속, 대한민국의 혼돈을 극복하고 미래를 설계할 수 있는 인물은 누구인가? 이 질문에 많은 국민이 김문수를 주목하고 있다.

"난세에 더 빛나는 김문수의 리더십"

김문수 장관은 그야말로 '난세의 리더'라 불릴 만하다. 노동운동가로 시작한 그는 현장을 누구보다 잘 이해하는 정치인이다. 경기도지사 시절 그는 경제와 복지를 균형 있게 발전시키며 탁월한 행정 능력을 입증했고, 고용노동부 장관으로서는 산업재해 예방과 비정규직 문제 해결을 위해 실질적이고 강력한 정책을 추진해 현장의 신뢰를 얻었다.

탄핵과 체포로 상징되는 이번 사태는 정치와 법이 혼란스럽게 뒤엉킨 위기다. 이런 상황에서 김문수의 실행력과 균형 잡힌 정책은 그를 가장 적합한 리더로 부각시키고 있다. 혼란을 잠재우고 국민에게 안정과 신뢰를 줄 수 있는 리더, 지금 대한민국이 원하는 바로 그 지도자의 모습이다.

"통합과 미래를 제시하는 비전"

김문수 장관의 비전은 당장의 위기를 극복하는 데 그치지 않는다. 그는 분열과 대립을 넘어 모두를 포용하는 통합의 리더십을 강조한다. 노동자와 기업 간 갈등을 조율하며 상생의 길을 모색한 그의 과거 정책은 오늘날의 정치적 분열 상황에서도 유효한 해법을 제공할 수 있다.

그의 핵심 정책인 경제 활성화, 노동시장 개혁, 그리고 사회적 약자 보호는 대한민국의 지속 가능한 미래를 설계하는 데 필요한 요소들이다. 이념과 진영을 뛰어넘는 그의 정치 철학은 국민의 다양한 목소리를 대변하며, 갈등을 치유할 수 있는 힘을 가지고 있다.

"김문수, 새로운 대한민국의 시작"

혼돈의 끝자락에서 국민은 새로운 시작을 꿈꾼다. 그러나 새로운 시작은 단순한 리더 교체로 이루어지지 않는다. 국민은 이제 실질적 변화를 만들어내고, 분열된 사회를 하나로 통합할 수 있는 리더를 원한다. 김문수 장관은 지금의 위기 속에서 가장 유력한 대안으로 떠오르고 있다.

그의 리더십은 단순히 보수 진영에 국한되지 않는다. 김문수는 모두를 아우르는 통합의 리더로서, 갈등을 해결하고 미래를 설계할 수 있는 실행력을 보여주고 있다.

탄핵과 체포로 얼룩진 역사의 한 페이지를 넘기고, 김문수가 그리는 미래로 나아갈 때가 왔다. 혼돈의 대한민국에서 김문수의 리더십은 새로운 시작의 열쇠가 될 것이다.

11
김문수, 인민재판 같았던 '기립 사과' 거부

2025년 대한민국 정치 무대에서 가장 뜨거운 이름 중 하나, 김문수. 그는 원칙과 신념을 중시하는 강경 보수의 상징이자, 변화하는 정세 속에서도 흔들리지 않는 정치적 중심을 지키고 있다. 한때 노동운동가로 활동했던 그는 이제 보수의 기둥으로 자리 잡으며, 대중의 뜨거운 관심을 받고 있다. 그의 행보는 대한민국 정치의 방향을 가를 중요한 요소가 되고 있으며, 차기 대권 주자로서의 가능성까지 점쳐지고 있다.

"비상계엄 반대, 그리고 결연한 태도"

2024년 12월, 대한민국은 역사적인 갈림길에 놓여 있었다. 윤석열 대통령이 비상계엄을 선포한 순간, 국무회의에서 강경한 목소리를 내지 못한 김문수는 이를 두고두고 한탄했다.

"그 자리에 있었다면 드러누워서라도 계엄을 막았을 것이다." 그의 이 말은 단순한 후회가 아니라, 정치인으로서의 신념과 책임감이 담긴 선언이었다.

김문수 고용노동부 장관이 2024년 12월 국회(임시회) 제1차 본회의 윤석열 대통령 위헌적 비상계엄 선포 내란행위 관련 긴급 현안질의에서 계엄 사태와 관련해 국무위원들이 자리에서 일어나 국민에게 허리 숙여 사과하는 가운데 홀로 자리에 앉아 있다.

비록 그는 계엄 해제를 위한 국무회의에만 참석했지만, 이후 국회 현안 질의에서 야당 의원들의 '기립 사과' 요구를 단호히 거부하며 존재감을 각인시켰다. 국무위원들이 자리에서 일어나 고개를 숙이는 가운데 홀로 앉아 있던 김문수. 그의 선택은 '인민재판' 같았던 정치적 압박 속에서도 굴하지 않겠다는 의지의 표출이었다. 이는 곧 보수층의 강한 지지를 불러 일으켰고, 대권주자로서의 그의 입지를 더욱 단단히 만들었다.

"대선 출마설과 정치적 셈법"

여론조사에서 여권 차기 대선주자 선호도 1위를 기록한 김문수. 그러나 그는 "노동부 장관으로서의 업무에만 집중하겠다"며 대선 출마에 대한 직접적인 언급을 피했다. 하지만 그의 주변은 이미 술렁이고 있었다. 국민의힘 의원들이 앞다투어 연락을 취하며 '함께 가겠다'는 메시지를 보낸다는 소문이 돌았다.

김문수는 윤석열 대통령의 탄핵 기각을 공개적으로 주장하며 대통령에 대한 충성심을 강조했다. 동시에 강경 보수층의 표심을 단단히 움켜쥐며, '계엄 반대'라는 원칙과 '대통령 엄호'라는 전략을 조화롭게 병행했다. 이러한 행보는 그가 단순한 보수 정치인이 아니라, 변화하는 정세를 예리하게 읽으며 신념과 실리를 모두 고려하는 현실적 정치인이었음을 보여준다.

"정책 행보와 대중적 메시지"

김문수는 최근 노동부 장관으로서 '고(故) 오요안나 MBC 기상캐스터 사망 사건'에 강한 관심을 보이며, 직권조사 가능성을 시사했다. 청년 문제에 대한 그의 단호한 입장은 그가 노동계 출신이라는 배경과 맞물려 대중에게 신선한 충격을 주었다. 동시에 그는 반도체특별법과 같은 경제 이슈에도 깊은 관심을 보이며, '주 52시간 근로제 예외 적용'에 대한 적극적인 입장을 취했다. 이는 그가 실질적인 정책 추진자로서도 역할을 수행할 수 있음을 시사하는 부분이다.

뿐만 아니라, 그는 중소기업과 자영업자들의 어려움을 해결하기 위한 다양한 정책들을 구상하고 있다. 특히 최저임금 차등 적용 문제에 대해서도 적극적인 의견을 개진하며, 기업 친화적인 노동 개혁을 추진하고 있다. 이와 함께, 강경 보수층뿐만 아니라 실용적인 정책을 원하는 중도층까지 아우르려는 전략을 보이고 있다.

"보수의 아이콘에서 대권주자로! 그의 다음 행보는?"

정치권은 김문수가 조기 대선 가능성에 대해 공식적으로 선을 긋고 있지만, 실질적으로는 다양한 시나리오를 준비하고 있다고 보고 있다. 최근 일부 보수 언론과 정치 평론가들은 그의 정치적 입지가 대선 출마로 이어질 가능성을 조심스럽게 예측하고 있다. 특히, 강한 보수적 색채를 지닌 그의 행보가 보수층 결집의 구심점이 될 수 있다는 분석이 나온다.

김문수는 결코 평범한 정치인이 아니다. 한때 좌파 운동가였던 그는 보수의 상징이 되었고, 국회의원, 경기도지사, 노동부 장관을 거쳐 대권주자로 급부상했다. 신념과 전략을 동시에 가진 정치인, 그가 향후 대한민국 정치에 어떤 파장을 일으킬지 귀추가 주목된다.

그의 행보가 대한민국 정치에 새로운 바람을 불러일으킬 수 있을까? 그가 대한민국의 미래를 이끌어갈 새로운 리더십을 제시할 수 있을까? 필자는 그렇다고 믿는다. 우리 모두가 그의 다음 행보를 주목해야 할 이유다.

12
계엄이 내란?
법에도 없는 등식

2025년 2월 10일, 서울 여의도 국회에서 열린 'K-방산수출 지원을 위한 당정협의회' 직후, 김문수는 기자들 앞에서 비상계엄령 선포에 대한 자신의 견해를 밝혔다.

"계엄이 내란이라는 등식은 어느 법조문에도 없다."

그의 말은 단순한 의견 표명이 아니었다. 최근 정치권에서 격렬한 논쟁을 불러일으킨 윤석열 대통령의 비상계엄령 선포와 관련된 문제였기에, 그의 발언은 즉각적인 반향을 불러일으켰다.

"비상계엄은 대통령의 고유 권한"

그는 계엄령이 대통령의 고유 권한임을 강조하면서도, 만약 윤 대통령이 자신과 상의했더라면 "적극적으로 말리고 반대했을 것"이라고 밝혔다.

그러나 동시에 그는 비상계엄을 내란으로 규정하는 것은 법률적 판단이 필요하며, 단순히 정치적인 수사로 규정해서는 안 된다는 점을 지적했다. 정치권이 법적 판단 없이 먼저 결론을 내려서는 안 된다는 그의 입장은, 그가 여전히 원칙을 강조하는 정치인임을 보여줬다.

"말과 행동이 너무 다른 이재명, 김문수의 날카로운 비판"

이날 김문수의 언급은 여기에 그치지 않았다. 그는 더불어민주당 대표 이재명의 교섭단체 대표 연설을 강하게 비판하며, 말과 행동이 너무 다르다고 일침을 가했다.

"먹고사는 문제가 중요하다면서도, 기업과 노동시장의 현실을 반영하지 못한 구호만 외친다."

"먹고사는 '먹사니즘'이라고 하는데 기업이 잘돼야 청년이 취업하지 않겠나? 이 대표가 하는 게 먹사니즘인가? 기업이 채용계획이 없는데 노조가 잘못하는 부분도 많다. 정년은 계속 연장하라고 하고 젊은이는 뽑지 못하게 한다. 대표적으로 반도체 특별법을 빨리 통과시켜야 하는데 민주당이 지금 안 하고 있다. 말과 행동이 다른 실상을 고용부 장관으로서 느끼는 것이다."

특히 주 4일제 논의에 대해서는 해외 기업들의 탈한국 현상과 국내 청년 실업 문제를 예로 들며 우려를 표명했다.

"4.5일제나 4일제가 가능한 기업도 있겠지만, 이 대표의 이야기는 법으로 고치자는 것이다. 올해만 해도 해외 기업이 우리나라에 투자하지 않고 탈출하고 있다. 4일제까지 법제화한다면 우리 국민과 경제, 젊은이들의 일자리에 도움이 될지 깊이 있게 숙고해 달라."

이는 단순한 비판을 넘어서, 이재명 대표의 정책이 경제 현실과 동떨어져 있다는 경고였다. 그는 말과 행동의 괴리가 너무

김문수 고용노동부 장관이 서울 여의도 국회 본회의장에서 이재명 더불어민주당 대표의 교섭단체 대표연설을 듣기 위해 자리하고 있다.

크며, 그 결과가 청년 실업과 기업들의 불안정성으로 이어질 것이라고 강조했다. 이로써 김문수는 이재명 대표의 정책에 대해 더욱 철저한 점검과 신중한 접근을 요구하는 메시지를 전했다.

"1987년 헌법의 가치, 다시 돌아봐야 한다"

정치권에서 국민의힘을 중심으로 개헌론이 떠오르는 것에 대해서도 강력한 메시지를 전했다.

"1987년에 위대한 개헌이 이루어졌기 때문에 우리는 오늘날 대통령을 직접 뽑을 수 있게 되지 않았습니까? 그게 바로 87년 헌법의 핵심입니다. 현행 헌법은 단순한 법적 틀이 아니라, 대한민국 역사에서 민주화 운동의 숭고한 성과입니다."

그는 또한 현재의 헌법이 이루어진 배경과 의미를 되새기면서, 개헌 논의가 지나치게 급진적일 수 있다는 우려를 표했다.

"만약 헌법에 문제가 있다면 그것을 차근차근 고쳐 나가면 됩니다. 그런데, 국가 전체를 세워 놓고 헌법만 문제 삼는 것은 심각하게 다시 한번 돌아볼 문제입니다."

김문수의 발언은 정치권에서 개헌을 둘러싼 논의가 진지하게 이루어져야 한다는 촉구였다. 헌법 개정은 법률의 변화뿐 아니라 국가의 근본적인 변화를 의미한다. 그 변화가 진정한 민주화의 가치를 손상하지 않도록, 신중히 그 방향을 고민해야 한다는 것이다.

"50억 클럽을 둘러싼 정면 발언"

그의 거침없는 화법은, 최근 정치권을 강타한 부정선거 논란과 관련해 기자들의 질문을 받는 자리에서도 계속되었다.

그는 즉각적으로 중앙선거관리위원장 출신 권순일을 거론하며 "그분이 뇌물을 받아먹었다, 50억 클럽이다, 이런 이야기 들어보셨죠?"라고 반문했다.

중앙선거관리위원회를 둘러싼 부정 논란과 더불어, 선거 전반에 대한 불신이 확산되는 과정이 안타깝다고도 했다.

하지만 그는 '부정선거가 있다, 없다'라는 흑백논리보다는, "인간이 하는 일이 항상 문제가 있을 수 있다"며 문제를 해결해 나가는 것이 공직자의 역할임을 강조했다.

"파란만장한 정치 인생, 원칙과 신념을 지키다"

김문수는 언제나 논란의 중심에 서 있던 인물이다. 노동운동가 출신으로 보수 정치인으로 변모하며 그동안의 정치 행보가 반전을 거듭했던 만큼, 그의 발언 하나하나는 한국 정치판에 파문을 던져왔다.

과거 경기도지사 시절에도 강경한 보수적 입장으로 노동계와 격렬한 대립을 벌였고, 이후에도 다양한 정치적 이슈에서 목소리를 높였다. 지금도 그는 변함없이 대한민국 정치의 뜨거운 논쟁 속에서 자신의 자리를 지키고 있다.

"대한민국을 위한 끝없는 고민과 도전"

그의 언변은 거침없지만, 그 속에는 뚜렷한 철학이 존재한다. 대한민국이 선진국으로 도약하기 위해서는 기업과 노동자, 그리고 정부가 함께 노력해야 한다는 믿음. 무조건적인 복지가 아닌, 지속 가능한 경제 발전을 통한 국민들의 삶의 질 향상을 추구해야 한다는 원칙. 이러한 신념이 있기에 그는 정치권에서 끊임없이 자신의 목소리를 내며, 때로는 거센 반발을 마주하면서도 한 발짝도 물러서지 않았다.

대한민국 정치사는 수많은 인물들을 기억하고 있지만, 김문수처럼 독특한 행보를 보인 정치인은 많지 않다. 그는 좌파 운동가에서 보수 정치인으로, 그리고 노동운동가에서 노동정책을 조율하는 장관으로 변모했다. 이는 단순한 변절이 아니라, 현실적 대안을 찾아가는 과정이었다. 그의 정치 인생은 대한민국 정치사의 한 페이지를 장식할 만한 드라마틱한 여정이었다.

그의 도전은 끝나지 않았다. 김문수는 여전히 대한민국을 더 나은 방향으로 이끌기 위해 고민하고, 발언하며, 행동하고 있다. 그리고 그가 가진 확신과 신념이 향후 대한민국 정치 지형에 어떤 영향을 미칠지는 아직도 많은 이들의 관심을 끌고 있다. 논란과 찬사를 동시에 받는 그이지만, 분명한 것은 김문수라는 이름이 대한민국 정치에서 쉽게 잊히지 않을 것이란 사실이다.

13
헌법재판소가 대통령을
파면할 자격이 있는가?

김문수는 정계에 입문한 이후로 일관되게 자신의 정치적 신념을 바탕으로 한 강경한 발언을 이어가며 주목을 받아왔다. 그의 발언과 행보는 시대와 상황에 따라 조금씩 달라졌지만, 언제나 뚜렷한 신념을 바탕으로 했다. 이러한 정치적 입장은 최근에도 여전히 강력히 드러났다.

"헌법재판소에 대한 강력한 의문 제기"

김문수는 2025년 2월 28일, 대구에서 열린 2·28민주운동 기념식 후 기자들과의 대화에서 헌법재판소가 대통령을 파면할 자격이 있는지에 대해 강하게 의문을 제기했다. 그는 "계엄에 찬성하지 않지만, 왜 계엄을 선포했는지, 대통령의 고유한 권한인지, 불법인지에 대한 재판도 하지 않은 채 파면부터

김문수 고용노동부 장관이 대구 달서구 대구문화예술회관에서 열린
제65주년 2·28민주운동 기념식을 마친 뒤 취재진 질문에 답하고 있다.

이야기하는 것은 지나치다. 헌재가 대통령을 파면할 자격이 있는지 굉장히 의문이다"라고 강조했다.

이 발언은 법적 해석을 넘어서, 그가 지니고 있는 헌법적 신념을 드러낸 순간이었다. 김 장관은 대통령에 대한 파면 절차가 정당한지, 그리고 헌법재판소의 역할이 제대로 수행되고 있는지에 대해 깊은 의구심을 나타내며, 대한민국의 법적 정당성을 지키고자 하는 의지를 분명히 했다.

김문수는 정치적 배경과 무관하게 그가 바라는 '정상적인 대한민국'에 대한 강한 신념을 표출한 것이었다.

"정상적이라는 것은 정직한 사람들이 잘살고, 일하는 사람들이 행복하며, 젊은이들이 결혼하고 가정을 이루어 잘 사는 사회를 말한다."

그의 말에서, 그가 꿈꾸는 사회의 비전이 그대로 드러난다. 그는 현재의 대한민국 정치상황을 '이상하다'고 표현하며, 변화를 위한 결단을 촉구하는 메시지를 국민에게 전달하고자 했다.

"김문수, 대권의 새바람! 국민의 '목마름'에 응답하다"

김문수는 최근 여권 내에서 급격히 지지율이 상승하며, 차기 대권 후보군으로서 지대한 관심을 받고 있다. 대구에서 열린 기자들과의 만남에서 그는 "세상이 이상하게 돌아가기 때문에 저를 찾는 것이 아닐까"라며, 자신이 여론에서 두각을 나타내는 이유를 분석했다. 또 자신이 후보로 거론되는 이유를 국민들의 '목마름'과 '희망' 때문이라고 분석했다. 그는 정치와 사회의 급격한 변화 속에서, 국민들이 새로운 지도자를 찾고 있다는 점을 강조하며 자신이 그 해답이 될 수 있음을 암시했다.

김문수는 대구 시민들과 함께 윤석열 대통령의 복귀를 바란다고 언급하면서도, 자신이 대선 후보로 나설 것에 대해서는 신중한 입장을 취했다. 그럼에도 불구하고, 그의 강력한 신념과 소신은 이미 대선 후보로서의 가능성을 크게 열어두고 있다. 김문수의 발언 속에는 그가 나서지 않더라도, 새로운 대한민국을 위해서 반드시 무엇인가가 변화해야 한다는 강한 의지가 담겨 있었다.

"차명진 전 의원의 페이스북 경고"

김문수 장관의 발언에 대해, 차명진 전 국회의원은 그의 입장을 적극적으로 지지하며, 헌법재판소의 법적 절차와 그 부당함에 대해 강력한 경고를 보냈다. 차 전 의원은 페이스북을 통해 김문수 장관의 발언을 언급하며, 헌법재판소가 대통령 탄핵 재판을 진행할 자격이 없다고 주장했다. 차명진은 재판이 진행되는 과정에서 헌법재판소가 법적 절차를 무시하고 정치적 판단을 내리고 있다는 비판을 제기하며, 김 장관의 발언이 바로 이러한 불법적 행위에 대한 경고라고 강조했다.

김문수 장관은 이미 정치적 경력과 경험을 통해 국가를 위

차명진
21시간

〈탄핵 무효가 아니라 탄핵재판 무효〉
오늘 대구에 간 김문수 장관이 기존 입장을 뛰어넘는 강펀치를 날렸다.
"헌법재판소는 대통령 파면을 할 자격이 없다."
재판 좀 잘하라는 뜻이 아니다.
아예 너희들은 재판을 할 자격이 없다, 이 재판 자체가 무효라는 뜻이다.
재판이 다 끝나가는 마당에 왜 이런 말을 했을까?
헌재는 윤 대통령 탄핵재판을 하면서 박근혜 대통령 탄핵 때와 너무나 똑같은 범죄행위를 답습했다.
그들은 탄핵소추안의 주요 내용을 국회의 동의없이 재판 안건에서 빼버렸다.
헌재법에서 하지 말라고 명시되어 있음에도 불구하고 진행중인 검찰수사 자료를 증거라고 채택했다.
나중에 재판에서 무혐의가 날 지도 모를 죄목을 겁없이 탄핵의 핵심사유로 삼았다.
너무나 똑같은 위법행위를 똑같이 반복했다.
김 장관은 재판 내내 잘못이 시정되기를 요구했다.
이 자들이 시정조치 없이 재판을 종결해 버렸다.
한 번 잘못하면 노란카드이지만 두 번 잘못하면 레드카드다.
그래서 김장관은 오늘 재판무효를 선언했다.
같은날 국힘당 의원 76명은 똑같은 이유로 헌재에게 선처를 탄원했다.
재판무효 선언은 이들과 뭐가 다를까?
향후 발생할 사태에 대한 분명한 책임을 묻겠다는 경고다.
선처요구와는 질이 다르다.
후과가 만만치 않을 거다.
김문수라는 투사의 실행력을 감안할 때,
그가 본인 의사와 상관없이 여권 1위라는 사실을 감안할 때,
더욱 그렇다.
혹시 주변에 헌재 재판관들을 아는 분들이 있다면 김문수의 살 떨리는 경고를 부디 전달해 주기 바린다.
이렇게 말이다.
"니네 뒷감당할 수 있겠니?
오동운 봤지?
쩜명이한테 기대봐야 소용없거든?"

한 헌법적 입장을 견지하고 있으며, 이번 발언은 그가 가진 정치적 자질을 드러낸 중요한 순간이었다. 차명진은 김문수 장관의 '재판무효 선언'을 정치적 메시지로 해석하며, 대한민국의 법적, 정치적 시스템이 제대로 작동하고 있지 않다는 점을 분명히 했다.

"정상적인 대한민국을 향한 김문수의 신념"

김문수가 꿈꾸는 '정상적인 대한민국'은 단순히 정치적 이익을 넘어, 국민들이 진정으로 바라는 사회적 가치와 도덕적 기준을 실현하는 사회다. 그는 청렴하고 정직한 공직자가 존경받고, 일하는 사람들이 진정한 행복을 느낄 수 있는 나라를 원한다. 김문수의 이러한 신념은 단순한 대선 후보로서의 포부를 넘어, 대한민국을 근본적으로 변화시키기 위한 의지의 표현으로 볼 수 있다. 그는 모든 국민이 공감할 수 있는 진정성 있는 메시지를 전하며, 단지 정치적 승리를 목표로 하지 않고, 더 나은 사회를 위한 실질적인 변화를 이끌어 내고자 한다.

그의 발언은 법적 절차의 중요성을 강조하는 데 그치지 않는다. 김문수는 정치, 사회, 경제 등 각 분야에서 대한민국이 나아가야 할 방향을 명확히 제시하며, 이를 통해 차기 지도자로서의 책임감을 강하게 드러내고 있다. 그는 그동안 여러 분야에서 쌓아온 경험과 철저한 자기검증을 바탕으로, 대한민국의 미래를 이끌어갈 수 있는 능력과 비전을 보여주고 있다.

이처럼 김문수는 한국 정치의 흐름 속에서 강력한 존재감을 발산하고 있다. 많은 국민들은 그의 메시지에 공감하고, 그가 제시하는 길을 따라갈 준비가 되어 있다. 김문수가 꿈꾸는 '정상적인 대한민국'은 더 이상 막연한 이상이 아니다. 그것은 현실에서 실현 가능한 목표이며, 그 목표를 향한 그의 헌신은 더욱 강력하고 확고해지고 있다. 이제 김문수의 정치적 여정은 더 많은 이들의 마음을 움직이는 거대한 물결로 퍼져 나가며, 그는 그 흐름을 이끌어가는 중심이 되어가고 있다.

14
다시 정의를 찾는 길,
김문수를 주목하라

　김문수는 1951년 8월, 경상북도 영천에서 태어났다. 그의 인생은 곧 한국 현대사의 축소판이라 할 수 있다. 경북고등학교를 졸업한 후, 서울대학교 법대를 마친 김문수는 학생 시절부터 사회운동에 몸담았다.

　1970~80년대, 그는 이미 운동권의 일원으로 청계천 피복공장의 재단보조 공원에서 활동하며, 금속노조 도루코 노조 위원장이라는 중책을 맡았다. 그 시대의 청춘들이 '운동'이라는 이름 아래 투신했을 때, 김문수는 그 중심에 있었다. 그는 두 번 제적되고, 두 번 투옥되었다. 그것이 그의 정치적 신념을 다져주는 밑거름이 되었지만, 한편으로는 이념의 모순을 깨닫고, 스스로의 길을 갈 결단을 내리게 만든 사건이었다.

"좌파에서 우파로, 결단의 순간"

그가 깨달은 것은 명확했다. 좌파 운동권의 위선과 이념적 혼란에 대한 비판이었다. 그는 결연히 우파로, 보수로 전향하게 되었고, 그 이후 줄곧 같은 길을 걸어왔다. 그가 '초지일관'이라고 표현할 수 있는 이유는, 시작과 끝이 한결같았기 때문이다.

1996년 제15대 국회의원 선거에서 당선된 그는, 이후 제16대, 제17대 국회의원, 그리고 2006년부터 2014년까지 두 차례 경기도지사를 역임하며, 그야말로 국가와 사회의 기둥이 되었다.

그의 정치 경력은 결코 평탄하지 않았다. 그가 국민의 선택을 받아 선출직으로 국가에 봉사한 횟수는 다섯 번이다. 지금은 고용노동부 장관으로 임명직을 맡으며, 관료 사회에서의 역할도 활발히 수행 중이다.

"다양한 경험이 만든 강력한 지도력"

이처럼 다양한 분야를 두루 섭렵한 김문수는 이제 그 자신이야말로 진정한 경험의 산물이라는 사실을 보여주고 있다.

노동계, 정치계, 지자체, 그리고 고위 관료 사회. 이 네 가지 분야에서 그는 모두 경험을 쌓았다.

일반적으로 한 사람은 특정 분야에서만 그 역할을 다하는 경우가 많지만, 김문수는 전방위적으로 사회를 경험했다. 노동 현장을 경험하고, 정치판의 흙탕물을 맛보며, 지방정부에서의 현장 경험을 거쳐, 고위 관료로서 국가를 이끄는 역할까지 맡았다. 이런 인물은 찾아보기 드물다.

"청렴함, 정치인의 가장 중요한 자질"

그가 그동안 살아온 삶에서 가장 두드러진 점은 바로 '청렴'이었다. 수많은 정치인들이 부패에 휘말리는 시대, 김문수는 그 어떤 스캔들에도 연루되지 않았다. 그의 청렴함은 정치인의 도덕적 가치를 넘어서, 그가 살아온 삶 자체가 얼마나 철저히 자기 자신에게 정직했는지를 보여준다.

그의 청렴함은 다른 어떤 것보다 중요하다. 많은 나라들이 경제, 사회, 문화의 측면에서 선진국으로 발돋움했지만, 유독 정치만큼은 후진적인 면이 많다. 바로 그 이유가 '고급 인력'의 부족에서 비롯된 것이다.

한국 정치판에 경제계나 법조계, 학계, 문화계처럼 뛰어난 인재들이 넘쳐나지 않는 이유는 바로 그 진흙탕 정치판에 발을 들이기 싫어하는 고급 인재들이 많기 때문이다. 그 자리를 대신하는 것은 대개 정치모리배들이나 권력과 돈을 움켜쥐려는 이들이었다. 그 결과, 한국 정치판은 난장판이 되었다.

김문수 고용노동부 장관이 제65주년 2·28민주운동국가기념식에 참석한 뒤 학생들과 기념 촬영을 하고 있다.

"정치의 변화를 이끌 수 있는 김문수"

이제 우리가 마주한 과제가 무엇일까? 바로 이 정치판을 바꿔야 한다는 것이다. '4류' 정치판을 고급 인력으로 채워야 한다. 지금의 정치 구조가 계속된다면 이 나라의 미래는 불투명하다. 이 문제의 해결책은 바로 유권자인 국민들이 손에 쥔 표에서 시작된다. 국민들이 제대로 된 인재를 고르고, 제대로 된 정치를 실현해야 한다는 것이다.

그렇다면, 그 인물이 바로 김문수가 될 수 있다. 그는 철저한 자기 신념을 바탕으로, 다양한 분야에서 길고 깊은 경험을 쌓았다. 스캔들과 부패에 연루되지 않은 그는 그 누구보다 청렴한 인간이자, 애국자다. 김문수는 차기 주자로서 충분히 자격이 있는 인물이다. 그는 경험과 능력을 갖춘 리더로, 우리 정치의 새로운 시작을 알릴 수 있을 것이다.

우리가 지금부터 지켜봐야 할 인물, 김문수. 그는 우리 사회의 모든 역경을 뚫고 나온, 그야말로 한국 정치의 귀감이 될 인물이다. 그가 우리의 지도자가 될 수 있기를 바라며, 그의 길을 함께 지켜보자.

PART 2

김문수, 그는 누구인가?

Chapter 4

청춘과 민주화의 불꽃

01 젊음의 무게, 그리고 그날의 선택
02 불확실한 시대, 흔들리는 청춘
03 서울대 입시, 새로운 도전
04 서울, 그 거대한 도시 앞에서
05 행동과 변화
06 판자촌에서 정의를 꿈꾸다
07 공장의 시계는 거꾸로 흐른다
08 제적과 면제 사이
09 낙인, 그리고 살아남기
10 학생운동에서 노동운동으로

01
젊음의 무게,
그리고 그날의 선택

* 필자 주 : 우리는 애국지사 김문수의 진면목을 정확히 알아야 한다. 필자는 그의 과거를 되짚으며 그가 어떤 인물인지, 어떤 길을 걸어왔는지, 그리고 그가 왜 나라를 위한 중책을 맡아야 하는지, 김문수의 진정성을 독자들에게 전달하고자 한다. 가독성을 높이기 위해 직함과 존칭은 생략하고, 그를 3인칭으로 표현하였다.

1960년대 후반, 대구의 한 고등학교. 문수는 조용한 성격이었지만, 마음속에는 늘 질문이 가득한 학생이었다. 교실 창가에 앉아 멍하니 하늘을 바라보는 일이 많았다. 그는 늘 궁금했다.

'세상은 왜 이렇게 돌아가는 걸까?'

그러던 어느 날, 학교 동아리 '수양동우회'에서 도산 안창호를 기리는 모임이 있다는 이야기를 들었다. 문수는 별다른 기대 없이 가입했다. 그러나 동아리에서 만난 사람들은 단순한 학생들이 아니었다. 그들은 사회 문제를 논하고, 정의가 무엇인지 고민하며, '어떻게 살아야 하는가'라는 화두를 놓고 밤늦도록 토론을 벌였다. 문수는 점점 더 깊이 빠져들었다. 방학마다 농촌 봉사활동에 참여하며 사회적 책임감을 몸소 배우기 시작했다.

그 무렵, 박정희 정권의 3선 개헌이 논의되면서 거리는 뜨거운 열기로 가득했다. 신문에는 연일 개헌 찬반 논쟁이 실렸고, 선생님들도 가끔씩 조심스럽게 정치 이야기를 했다. 문수는 헌책방에서 『사상계』를 읽으며 박정희 정권에 반대하는 양심 세력에 대해 토론을 벌였다. 동아리 친구들은 개헌 반대 시위가 열린다는 소식을 가져왔다.
"우리가 가야 하지 않겠어?"

문수는 친구의 말에 선뜻 대답하지 못했다. 집안에서는 공부를 열심히 해서 좋은 대학에 가길 바랐다. 부모님의 기대를 저버리고 싶지 않았다. 그러나 한편으로는 마음이 요동쳤다. 그는 고민 끝에 스스로에게 질문을 던졌다.
'나는 어디에 서 있어야 하는가?'

며칠 후, 그는 결심했다. 몇몇 친구들과 함께 시위 현장으로 향했다. 경북고등학교 학생들은 '3선 개헌 반대' 데모를 벌이기로 결의했다. 시위대는 많지 않았지만, 모두가 굳은 표정이었다. 몰래 계획을 세운 학생들은 교실에서 한 사람, 한 사람 모여 기습적인 시위를 준비했다.

반독재 호헌 전국학생회 명의의 '비상시국 공동 선언문'(1969년 9월 1일)

다음날, 학교 운동장에서 학생들이 교문을 넘어서며 대구시 대명 로터리로 향하는 모습을 담임교사는 전혀 예상하지 못했다. 교사들도 어쩔 줄 몰랐다. 그렇게 학생들은 2·28 기념탑에 모여 '3선 개헌 반대' 성명서를 낭독했다. 낭독자의 목소리는 떨렸지만, 문장은 흔들리지 않았다. 그 순간 문수의 가슴속에도 작은 불꽃이 일었다.

하지만 그날 이후, 학교는 그들을 좌시하지 않았다. 문수는 결국 무기정학 처분을 받았다. 선생님은 한숨을 쉬었고, 부모님은 크게 화를 냈다. 그러나 문수는 후회하지 않았다. 그는 자신에게 되물었다.

'이게 정말 잘못된 일이었을까?'

오히려 그의 마음속에는 확신이 자리 잡았다.

'이게 바로 내가 가야 할 길이구나.'

그의 첫 선택은 그렇게 끝이 났다. 하지만 동시에 새로운 길이 열렸다. 문수는 그날 이후 더 이상 망설이지 않기로 했다. 그는 단순히 하늘을 바라보는 소년이 아니라, 스스로 길을 개척하는 사람이 되어가고 있었다.

그리고 그가 왜 지금 대한민국을 이끌어갈 중책을 맡아야 하는지, 이에 대한 이야기는 이제 시작에 불과하다.

김문수와 아버지

02
불확실한 시대, 흔들리는 청춘

　1960년대 후반, 문수의 삶은 끊임없는 변화 속에 있었다. 아버지가 공직을 떠난 후, 가족은 여러 차례 이사를 거듭했다. 결국 정착한 곳은 대구 신암동 금호강변 사격장 근처, 산속에 자리한 작은 기숙사였다. 고향 문중에서 장학관으로 사용하던 이곳에서 문수의 가족은 관리인으로 생활했다. 하지만 학교까지 가는 길은 멀고 험했다. 문수는 매일 새벽같이 집을 나서야 했다.

　고등학교 3학년이 되면서 그는 대구 시내 작은아버지 댁으로 거처를 옮겼다. 사촌 형, 동생과 함께 한 방을 쓰며 대학 입시 준비에 집중하려던 참이었다. 그러나 뜻밖의 사건이 그의 삶을 뒤흔들었다.

　어느 날, 작은아버지가 밤늦게 문수를 불렀다. 손에 신문한 장을 들고 있었다.

"문수야, 무기정학 받았다고?"

그 순간, 문수는 자신을 향한 수많은 시선이 떠올랐다. 교무실에서 냉정하게 정학을 통보하던 선생님, 실망 가득한 눈빛을 감추지 못했던 부모님. 하지만 문수는 흔들리지 않으려 했다.

"후회 안 하냐?"

잠시 침묵이 흘렀다. 문수는 차분하게 대답했다.

"후회할 게 뭐 있습니까? 마땅히 해야 할 일을 했을 뿐인데요."

작은아버지는 문수를 빤히 바라보더니 고개를 끄덕였다.

"그럼 됐다. 잘했다."

그가 유일하게 위로받았던 순간이었다.

그러나 현실은 냉혹했다. 정학을 당한 이후, 문수는 처음으로 '불확실한 미래'라는 벽과 마주했다. 불안과 답답함이 밀려왔다. 갈 곳도, 해야 할 일도 없었다. 함께 정학당한 친구들과 어울리며 처음으로 술을 마시고 담배를 피웠다. 밤이 깊을수록, 서로의 고민도 깊어졌다.

"우리가 정말 잘못한 걸까? 교과서에도 3선 개헌은 문제라고 나와 있잖아."

"우리가 틀린 거라면, 도대체 뭐가 맞는 건데?"

문수는 대답하지 못했다. 그는 집으로 돌아와 사회 교과서를 다시 펼쳤다. 한 줄, 한 줄 천천히 읽어 내려갔다. 그러나 아무리 봐도 자신의 행동이 틀렸다고 생각할 수 없었다. '후회하지 않겠다'고 다짐했지만, 현실은 그 결심을 흔들었다.

2주 후, 학교에서 연락이 왔다.
"한 번만 봐주겠다. 다시는 그런 행동을 하지 말라."
경고와 함께 복학을 허락한다는 내용이었다.
교문을 다시 들어서던 날, 그의 마음속에서는 가벼운 안도의 한숨이 새어 나왔다.

하지만 그는 알고 있었다. 앞으로도 선택의 순간은 계속될 것이고, 더 어려운 싸움이 기다리고 있다는 것을.
그의 첫 도전은 끝났지만, 새로운 길은 이제 시작이었다.

03
서울대 입시, 새로운 도전

　서울의 겨울은 유난히 차가웠다. 1970년 1월, 문수는 버스를 타고 서울로 향하는 길이었다. 서울대 상대 입학시험을 치르기 위한 긴 여정이 그를 기다리고 있었다. 고향을 떠나 첫발을 내딛은 문수는 마음속에 두려움과 설렘을 함께 품고 있었다. 자신이 선택한 길이 맞는지 확신할 수 없었지만, 이제 그는 그 길을 따라 걸어가고 있었다.

　문수는 원래 철학과나 사학과에 대한 큰 관심을 가지고 있었다. 책을 좋아하고 세상에 대해 궁금한 점이 많았던 그는 이런 학문들을 통해 답을 찾고자 했다. 그러나 삶은 예상치 못한 방향으로 그를 이끌었다. 서울대 상과대에 지원하기로 결심한 이유는 친구의 아버지, 소재환의 충고 때문이었다. 그가 문수에게 말한 한마디는 그에게 큰 전환점을 안겨주었다.

　"취업하려면 경영학과나 경제학과가 유리해. 요즘은 세상이 많이 바뀌었어."

이 말을 듣고 문수는 처음으로 경영학에 대해 진지하게 생각하게 되었다. 그리고 사촌형이 다니고 있던 영남대 경영학과도 문수에게 영향을 미쳤다. '경영학과를 가면 국가를 경영하거나 기업을 이끌 수 있겠구나.' 문수는 결국 서울대 경영학과에 지원하기로 결심했다.

서울에 도착한 문수는 도시의 거대한 모습을 마주했다. 고향과는 다른 세상에 발을 들여놓은 기분이었다. 길을 찾는 것조차 어려웠고, 사람들의 무리가 그를 압도했다.

'서울은 차가운 도시 같아. 여기서 살 수 있을까?'

문수는 속으로 그런 생각을 했다. 하지만 그에게는 이 도시에서 살아야 할 이유가 있었다.

형이 마중을 나와 있었다. 서울에서 경리로 일하고 있던 형은 문수를 반갑게 맞이하며 걱정스러운 표정을 지었다.

"추운 날에 외투도 없이 이렇게 오다니, 고생 많았지?"

문수는 웃으며 대답했다.

"이 정도 추위는 괜찮아요. 그런데 형, 서울 물 좀 먹었구나? 몰라보겠어요."

형은 자신의 기숙사보다 따뜻한 여관에서 묵으라고 했지만, 문수는 괜히 형에게 민폐를 끼치는 듯해 거절했다.

형은 문수의 고집을 꺾지 못하고, 결국 기숙사로 그를 안내했다. 서울의 차가운 겨울, 연탄을 피워야만 따뜻해지는 기숙사는 문수에게 불편함보다는 오히려 편안함을 주었다. 그곳에서 형과 함께 잠을 자며 문수는 이상하게도 마음의 평온

1970년 서울대 상대(경영학과)에 합격한 김문수(오른쪽). 그해 3월 입학식에서 둘째 형과.

을 찾을 수 있었다. 그리고 이 평온함은, 그가 서울대 입학시험을 무사히 치르게 만드는 원동력이 되었다.

서울대 입시는 끝났고, 이제 문수는 서울이라는 거대한 도시에서 새로운 도전을 맞이하게 되었다. 그는 그 길을 걸어가야 했다. 그 길에서 자신이 할 일을 찾아가리라 다짐했다. 서울대 상대 입학은 그저 시작일 뿐이었다. 앞으로의 길은 더 넓고, 더 많은 어려움이 그를 기다리고 있을 것이다. 하지만 문수는 이미 한 걸음을 내딛었고, 그 첫걸음이 그에게 새로운 미래를 열어줄 것이라 믿었다.

04
서울,
그 거대한 도시 앞에서

　서울대학교 합격 소식은 고향 영천시 황강리의 경주 김씨 문중을 뒤흔들었다.
　"이제 우리 문중에도 드디어 서울대 합격자가!"
　문중 사람들은 문수를 '별'처럼 떠받들었다. 그의 합격은 단순한 개인의 성취를 넘어, 문중 전체의 희망이었고, 그 기대의 무게는 문수에게 그대로 다가왔다.

　그의 서울행은 설렘보다 무게감이 더 컸다. 낯선 대도시, 서울. 그곳은 단순한 도시가 아니라, 문수에게는 일종의 전쟁터처럼 느껴졌다. 초라한 검정 고무신에 군복 바지, 그리고 대충 구한 배낭 하나. 대학생이 된 모습도 여전히 소박했지만, 그의 고향 사람들은 그를 자랑스러워했다. 그러나 서울에서의 현실은 꿈만큼 화려하지 않았다.
　서울대 합격 후, 문수의 첫 번째 전투는 돈이었다. 입학금

2만 원은 고향에서 양계장을 운영하던 큰형이 간신히 대주었지만, 형도 사정이 넉넉하지 않았다.

'이제 내가 나설 때다.'

문수는 자신에게 다가온 현실을 마주하고, 다시 한번 스스로 일어설 준비를 했다. 서울로 올라와 친척 집에 얹혀살며 아르바이트를 시작했다. 그의 삶은 그야말로 '버티기'였다. 같은 처지의 친구들과 함께 작은 희망을 키워갔지만, 현실은 언제나 그들에게 냉혹했다.

그가 처음 서울의 친척 집에 도착했을 때, 그 집은 또 다른 세계처럼 보였다. 낯선 곳에서 그는 꿈꿔본 적도 없는 풍경을 마주했다.

식탁에 올라온 고급스러운 반찬들, 마음껏 용돈을 받으며 원하는 것을 사고 마는 아이들. 그것은 문수에게 상상도 할 수 없는 풍경이었다. 서울 사람들의 삶은 자신이 자란 시골과는 전혀 다른 차원의 삶이었다. 그저 격차가 아닌, 물리적으로 다른 '세계'처럼 느껴졌다.

문수는 점점 움츠러들었다. 자신의 출신을 부끄러워하며, 서울 사람들과의 말투, 습관 차이에서 벽을 느꼈다. 서울은 그에게 더 이상 기회의 땅이 아닌, 무너질 수 없는 '성벽'처럼 느껴졌다. 그곳에서 살아남는 것은 그야말로 전쟁처럼 힘든 일이었다.

그럼에도 불구하고 문수는 희망을 놓지 않았다. 그는 같은 처지의 친구들과 밤을 지새우며 서로의 고단함을 나누었다. 서울 생활에 대한 불평, 고향을 그리워하는 이야기를 서로 주고받으며, 그들은 조금씩 힘을 얻었다.

'여기서도 살아남을 수 있겠지.'

문수는 그들과 함께 나눈 이야기 속에서 자신만의 길을 찾아야 한다는 결심을 다졌다. 비록 이 거대한 도시가 그에게는 낯설고 힘든 곳이었지만, 그는 이곳에서 반드시 자리 잡아야 한다는 강한 의지를 품고 하루하루를 버텨갔다.

대학 시절의 김문수(오른쪽)

05
행동과
변화

서울, 그곳은 문수에게 먼 꿈처럼 느껴졌다. 한때 고향에서 대학 진학을 축하하며 받은 격려와 기대가 무겁게 그의 어깨를 짓눌렀지만, 그곳은 그가 상상한 것과는 너무 달랐다. 입학 첫날부터 느낀 것은 단조로운 강의, 의미 없는 시험, 그리고 무기력한 나날들.

'대학이란 곳이 이 정도인가?'

문수는 점점 흥미를 잃어갔다. 서울은 그에게 더 이상 희망의 도시가 아닌, 차갑고 비인간적인 거대한 벽처럼 보였다.

그런 와중에 문수에게 기적처럼 다가온 사건이 있었다. 하루, 우연히 앉은 강의실에서 한 선배의 강렬한 연설이 그를 깨웠다.

"여러분, 대학에 왜 왔습니까? 출세하려고 고시 공부에만 몰두하며 세상과 등지고 살아가려는 겁니까? 이 나라가 얼마나 어려운 상황인지 아십니까? 우리가 손 놓고 있을 때일까요?

우리가 이 나라의 미래를 짊어질 젊은이들 아닙니까?"

선배의 목소리는 맑고 강렬했다. 그의 눈빛에서 뭔가 뜨겁게 타오르는 불꽃을 느낀 문수는 순간 가슴이 뛰었다.
'저 사람과 함께라면 뭔가 해낼 수 있을 것 같아!'
그는 그 자리에 있던 모든 것이 갑자기 선명해지는 기분을 느꼈다. 그날, 문수는 결심했다. 그 선배가 이끄는 동아리에 들어가야겠다고.

그 선배는 바로 후에 국회의원으로 당선된 심재권 선배였다. 그의 인간적인 매력과 열정적인 성격 덕분에 문수는 '후진국사회연구회'라는 동아리에 망설임 없이 가입했다. 이 동아리는 단순한 학생 모임이 아니었다. 세상을 바꾸자는 열망에 가득 찬, 행동하는 민족주의 운동을 펼치던 단체였다. 문수는 그곳에서 '세상을 바꿔보자'는 불타는 열정을 느꼈다.

1970년대 초, 한스콘의 민족주의 이론을 바탕으로, 이들은 반일, 반미 시위에서 적극적으로 활동하며 사회적 변화를 꿈꿨다. 문수는 처음으로 세상과의 소통을 배우기 시작했다. 그가 느꼈던 회의와 무력감은 동아리 활동을 통해 조금씩 바뀌었다. 그는 점차, 사회의 모순을 해결하고 세상을 변화시키는

1971년 교련 반대, 교련 철폐 시위

일에 대한 순수한 열정을 갖게 되었다.

문수는 교련 반대 시위를 주도하며 거리로 나섰다. 시위 대열 속에서 함성을 외치다 보니 가슴이 뜨거워졌고, 자신도 모르게 더욱 깊숙이 빠져들었다. 데모 대열에서 구호를 외치는 순간, 그는 처음으로 자신의 존재가 뚜렷해지는 기분을 느꼈다.

이 시기의 대학생들은 두 부류로 나뉘었다. 하나는 자신의 삶을 바꾸기 위해 좋은 직장을 찾아 나서는 학생들이었고, 다른 하나는 문수처럼 사회적 변화를 꿈꾸며 활동하는 이들이었다. 문수는 후자였다. 그는 자신에게 주어진 기회와 세상의 문제를 해결하는 데 집중했다. 그가 동아리에서 찾은 것은 '행동'과 '변화'였다.

동아리 활동을 하며, 문수는 처음으로 '목표'를 가지게 되었다. 그가 경험한 회의와 무기력은 점차 사라졌고, 세상을 변화시킬 수 있다는 자신감을 얻었다. 그곳에서 그는 무엇인가를 할 수 있다는 확신을 품고 세상과의 소통을 이어갔다.
그리고 그 길은 단순히 목표를 달성하는 것이 아니라, 세상에 대한 깊은 책임감을 느끼며 나아가는 여정이 될 것임을 깨닫기 시작했다.

06
판자촌에서
정의를 꿈꾸다

문수는 한때, 세상의 이면을 전혀 알지 못했다. 그가 알고 있던 서울은 화려한 백화점과 붐비는 도심, 번쩍이는 네온사인 아래에서 꿈을 꾸는 젊은이들의 공간이었다. 그러나 어느 날, 선배들의 권유로 빈민촌 실태조사를 나가면서 그는 전혀 다른 서울을 마주하게 되었다.

용두동. 이름만으로는 짐작도 되지 않는 그곳은, 문수가 태어나고 자란 작은 시골집보다도 더 참혹한 삶이 펼쳐진 곳이었다. 비좁고 허름한 골목길, 갈라진 나무판자로 얼기설기 지어진 집들, 그리고 무엇보다도 사람들의 눈빛이 문수를 압도했다. 그 눈빛에는 절망과 체념, 그리고 어떤 이들은 아예 희망을 가지는 것조차 포기한 듯 보였다.

그곳의 생활을 직접 경험해보기 위해 문수는 용두동에 작은 방을 구했다. 한동안 그곳에서 지내면서 그는 이 사회가 품고 있는 모순을 더욱 선명하게 마주했다.

판자촌 공동 화장실 앞에 늘어선 길고 긴 줄. 남녀노소 할 것 없이 같은 공간을 써야 했고, 그조차도 무너지기 직전의 허술한 구조물이었다. 하루 한 끼조차 해결하기 어려운 사람들, 겨울이면 찬 바람을 막아줄 창문조차 없는 집들, 작은 병에도 쉽게 쓰러지는 아이들. 그가 알고 있던 서울과는 너무도 다른, 잔인한 현실이었다.

1970년대 초, 용두동 판자촌 앞 공동 화장실

둑방 위에서 바라본 판자촌 모습

그러나 문수를 가장 깊이 흔든 것은 정부의 철거 작업이었다.

새벽녘, 트럭이 판자촌 입구를 막아섰다. 군인들이 쏟아져 나와 사람들을 집 밖으로 몰아냈고, 이내 포클레인이 철거를 시작했다. 그 장면은 마치 전쟁 같았다. 사람들이 울부짖으며 항의했지만, 그들의 목소리는 곧 포클레인의 엔진 소리에 묻혀버렸다. 그리고 불과 몇 시간 만에, 그들의 집이었던 공간은 폐허가 되어버렸다.

정부는 그들을 경기 광주의 산속으로 강제 이주시켰다. 문수는 직접 그곳을 찾아갔다. 군용 텐트가 쭉 깔려 있었고, 사람들은 벌거벗은 땅 위에서 망연자실한 얼굴로 앉아 있었다. 식수도, 전기도, 기본적인 생활 기반조차 마련되지 않은 곳이었다.

판잣집 철거민을 강제 이주시킨 광주대단지, 지금의 성남이다.
이들에게 주어진 것은 군용 텐트뿐이었다.

그날 밤, 문수는 한참을 하늘을 바라보았다. 그가 태어나고 자란 세상과 지금 자신이 보고 있는 세상은 분명 같은 대한민국이었지만, 전혀 다른 현실이었다.

그는 깨달았다. 자신이 가난을 부끄러워할 이유가 없다는 것을. 문제는 그가 아니라, 이 사회의 구조 자체라는 것을.

이후 문수는 고민 없이 거리로 나섰다. 처음에는 가슴 속에서 뜨겁게 불타오르던 정의감 때문이었다. 세상을 바꿀 수 있다고 믿었고, 자신이 그 변화의 일부가 될 수 있다고 확신했다.

그러나 시간이 흐르면서 문수는 점점 더 깊은 고민에 빠졌다.
그가 맞서 싸우던 상대는 단순히 권력이 아니었다. 그들이 부수려던 것은 단순한 건물도 아니었다. 그것은 오랫동안 뿌리내린 체제였고, 역사의 축적이었다.

젊은 문수는 그때는 몰랐다. 단순한 열정과 신념만으로 바꿀 수 없는 것들이 있다는 것을. 그러나 그는 그 시간을 통해, 세상을 이해하는 또 다른 방법을 배우고 있었다.

07
공장의 시계는
거꾸로 흐른다

대학교 2학년 여름 방학, 여름의 공기는 무겁고 축축했다. 문수는 낡은 작업복을 입고 공장 입구에서 멈춰 섰다. 숨을 한 번 들이마시고, 다시 내쉬었다. 대학생이라는 정체성을 잠시 내려놓고, 오늘부터는 공장 노동자가 되어야 했다. 그에게 주어진 시간은 한 달. 그는 이곳에서 노동의 현실을 온몸으로 겪어볼 작정이었다.

이 일의 시작은 선배의 제안에서 비롯되었다.
"공장에서 직접 일해볼 생각 없나?"
문수의 가슴이 뛰었다. 농촌 봉사활동이나 탄광 체험은 익숙했지만, '공장에서 노동자로 살아보기'는 처음이었다. 가난을 경험하며 자란 그였지만, 그것이 '노동'과 어떻게 다른지, 아직 알지 못했다. 문수는 주저 없이 고개를 끄덕였다.

당시 대학생들이 농촌에서 노동을 체험하는 '농활(농촌활동)'은 점차 자리 잡아 가고 있었지만, 공장에서 일하는 '공활(공장활동)'이란 개념은 아예 존재하지 않았다. 그것은 단순한 체험이 아니라 철저히 '위장취업'을 해야 하는 일이었다.

"이건 절대 비밀이다. 가족이나 친구에게도 절대 말하면 안 돼."
선배의 당부가 더해졌다. 문수는 그 말이 형식적 요청이 아님을 알았다. 이 활동을 제안한 이는 김근태 선배였다. 그가 학생운동을 하다 강제징집된 후 복학한 뒤 처음 추진한 일이었다. 청계천에서 전태일이 분신하며 남긴 외침이 그를 공장으로 이끌었고, 문수도 같은 마음이었다.

그렇게 하여 영등포의 한 미싱 공장에 취직하게 되었다. 지금의 대우 중공업 자리에 작은 공장들이 모여 있었고, 문수와 친구들은 각자 배정받은 자리에서 일하기 시작했다.
"젊은 친구들이네. 손재주는 좀 있나?"
"열심히 하겠습니다."
공장장은 몇 마디 질문을 던진 뒤, 그들을 바로 공장으로 들였다.

그가 배정받은 곳은 미싱 몸체에 구멍을 뚫는 공정이었다.

드릴을 쥔 손이 서툴렀지만, 지켜보는 사람은 없었다. 모든 노동자가 자신에게 주어진 작업에 몰두하고 있었고, 기계 소음은 대화를 집어삼켰다. 그제야 문수는 이곳이 말이 사라진 공간임을 깨달았다.

출근은 새벽같이 이루어졌다. 하루 10시간 노동. 점심시간이 되면 사람들은 허겁지겁 식당으로 몰려가 단출한 밥을 삼켰다. 그리고 다시 기계 앞에 앉았다. 단순 노동이 주는 고통이 이렇게 클 줄은 몰랐다. 기계는 같은 속도로 돌아갔지만, 사람은 지쳐갔다.

1971년. 영등포 공업단지

그러나 더 힘든 것은 따로 있었다.

공장의 주물 가공 작업은 무게가 만만치 않았다. 손목이 뻐근했고, 허리는 쑤셨다. 하지만 누구도 쉬고 싶다는 내색을 하지 않았다. 쉬어야 할 순간에 쉬지 않는 것이 이곳의 규칙이었다.

월급날, 문수는 손에 쥔 봉투를 한참 동안 바라봤다. 한 달 내내 기계를 돌리고 받은 돈이었다. 그러나 그 액수는 예상보다 훨씬 적었다. 생활비를 감안하면 빠듯했고, 외출 한 번 하는 것도 부담이었다.

'이 돈으로 가족을 부양한다면?'

그는 순간 아찔해졌다.

공장에서 만난 사람들 중에는 10년 넘게 일한 노동자도 있었다. 그들은 묵묵히 같은 작업을 반복했다. 젊었을 때부터 이곳에서 일하다 이제는 중년이 된 사람들. 문수는 그들의 삶이 궁금했지만, 질문을 던질 틈도 없이 하루가 흘러갔다.

그 과정에서 문수는 노동자들의 삶을 조금씩 이해해 갔다. 누군가는 가족을 부양하기 위해, 누군가는 생계를 위해, 그리고 누군가는 다른 선택지가 없어서 기계를 돌리고 있었다. 그 속에서 그는 자신이 대학생이라는 사실을 완전히 잊은 듯했다.

 공장에서의 마지막 날, 문수는 지친 몸을 이끌고 기숙사 방을 정리했다. 문득 거울 속의 자신을 바라보았다. 손에는 작은 상처들이 나 있었고, 피부는 거칠어져 있었다.
 '나는 이제 이곳을 떠나지만, 이 사람들은 계속 남겠지….'

 그는 공장 문을 나서며 주먹을 가볍게 쥐었다. 그동안 자신이 알고 있다고 믿었던 '노동'이란 단어가, 이제는 너무나 무겁게 느껴졌다. 이 한 달의 경험이 앞으로의 삶을 어떻게 바꿀지는 아직 알 수 없었지만, 그가 본 것, 들은 것, 느낀 것들은 오래도록 그의 마음을 짓눌렀다.
 그는 이제야 겨우 첫걸음을 뗀 것인지도 몰랐다.

08
제적과 면제 사이

1971년 늦여름, 문수는 심한 몸살을 앓기 시작했다. 처음엔 단순한 감기려니 했지만, 고열은 떨어질 기미가 없었다. 공장에서 일하며 마셨던 물이 문제였을까? 그는 결국 고향으로 내려가 병원에 입원했다. 진단은 장티푸스였다. 제대로 치료받지 못한 탓에 그의 몸은 점점 말라갔고, 심한 고열로 코피까지 쏟았다. 코피가 목구멍으로 흘러들어가 질식할 뻔한 날도 있었다.

그렇게 병상에서 시름시름 앓던 중, 학교에서 '제적 조치'가 내려졌다는 소식이 날아들었다. 정부는 학생운동을 탄압하기 위해 주요 대학 동아리를 강제 해산하고, 시위에 적극적으로 참여했던 학생들을 무더기로 퇴학시켰다. 그의 이름도 명단에 포함되어 있었다.

병상에서 이 소식을 들었을 때, 문수는 한동안 말을 잃었다. 아픈 몸보다도 정신적인 충격이 더 컸다.

'내가 잘못한 게 뭘까?'

그는 자신에게 되물었다. 시위에서 맨 앞에 섰던 것, 노동자들과 함께하기 위해 공장에 들어갔던 것, 부당한 현실을 바꾸고 싶다는 마음을 품었던 것. 그것이 죄가 될 수 있을까?

하지만 현실은 냉혹했다. 그는 대학에서 쫓겨났고, 이제 모든 게 불확실해졌다.

설상가상으로 며칠 후, 국군 보안대 요원들이 그의 집을 찾아왔다. 강제징집을 위해서였다. 아직도 40도가 넘는 고열로 제대로 서 있기도 힘들었지만, 군대는 그런 건 신경 쓰지 않았다. 보안대 요원들은 "몸이 좀 나아지면 출두하라"는 명령을 내리고 돌아갔다.

어쩔 수 없이, 그는 채 회복되지 않은 몸을 이끌고 대구 국군통합병원으로 향했다. 어머니는 걱정스러운 얼굴로 배웅하며 눈물을 보였다. 어머니의 눈물이 그의 등을 무겁게 짓눌렀다.

병원에 도착하자 보안대 요원이 기다리고 있었다. 그는 문수를 보며 징집영장을 꺼내려 했다.

"너 아픈 데 없지? 군대나 갔다 와라."

그 순간, 문수는 머릿속이 복잡해졌다. 무조건 끌려갈 수는 없었다. 그는 차분한 목소리로 말했다.

"귀가 잘 안 들리는데, 검사를 받아보고 싶습니다."

보안대원의 눈빛이 날카로워졌다.

"뭐라고?"

그를 의심스럽게 쳐다보던 요원은 곧장 이비인후과로 데려갔다. 군의관이 그의 귀를 한참 들여다보더니 고개를 갸웃거렸다.

"언제 수술한 적 있나?"

"고등학교 1학년 때 했습니다."

문수는 솔직하게 답했다. 군의관은 신체검사 서류에 무언가를 적더니 보안대원에게 건넸다.

보안대원은 한숨을 쉬며 문수를 바라봤다.

"집에 가라, 이 새끼야…."

문수는 믿기지 않는다는 듯 다시 물었다.

"그럼, 언제 다시 신체검사를 받으러 와야 합니까?"

"너는 이제 군대 안 가도 된다. 징집 면제야."

그제야 그는 상황을 이해했다. 어릴 적 중이염으로 인해 수술을 받았고, 장티푸스를 앓으며 상태가 악화되었던 것이다. 군대는 '귀머거리가 될지도 모를 사람'을 받아들이지 않았다.

집으로 돌아오자 어머니는 그를 꼭 끌어안았다. 마치 죽었다 살아 돌아온 아들을 보는 듯한 얼굴이었다. 하지만 이내 걱정스러운 표정을 지었다.

"네 형도 중이염 때문에 군대 안 갔는데… 이게 좋은 일인지 나쁜 일인지 모르겠다."

문수는 어머니의 손을 꼭 잡았다. 어머니는 여전히 걱정이 많았지만, 그는 살아남았다. 대학에서도, 병마에서도, 강제징집에서도. 하지만 그가 가야 할 길은 여전히 불투명했다. 그의 싸움은 이제부터 다시 시작이었다.

부모님과 두 형. 가운데가 김문수

09
낙인, 그리고 살아남기

문수가 집에 도착하기도 전에 동네에는 벌써 소문이 퍼져 있었다.
"그 집 아들, 빨갱이라 카더라."
기억 속의 고향은 정겨운 곳이었지만, 그를 맞이한 것은 싸늘한 공기였다. 장티푸스로 죽을 고비를 넘긴 것도 모자라, 학교에서는 제적당했고, 군대에도 가지 못했다. 그리고 이제는 동네 사람들의 차가운 눈초리까지.

문수는 집 안에서 웅크린 채 창밖을 바라보았다. 문밖에서는 마을 사람들이 수군거렸다.
"젊은 놈이 공부를 하더니, 이상한 데 물들었지 뭐야."
"학교에서 잘리고 군대도 안 가면, 그거 빨갱이 아이가?"
어머니는 말없이 문수의 밥그릇을 챙겼다. 평생 자신을 위해 애써온 어머니의 깊은 한숨이 그의 가슴을 후벼 팠다. 문수에게 표현은 안 해도 가족 모두가 마음고생이 심한 듯했다.

문수는 다시 무언가를 해야 한다고 생각했다. 그러나 무엇을 할 수 있을까? 한동안 그는 낮에는 밭일을 돕고, 밤이면 혼자 책을 읽었다. 답답한 마음을 안고 그는 마을 아이들을 모아 야학을 열기로 결심했다. 하지만 그 뜻이 마을 사람들에게 전해지기도 전에, 예상치 못한 손님이 찾아왔다.

검은 지프차가 먼지를 일으키며 마당에 멈춰 섰다. 사복을 입은 남자들이 문수의 이름을 불렀다.
"김문수, 따라와야겠다."
어머니가 다급히 뛰쳐나왔다.
"이 아이가 뭘 잘못했습니까! 몸도 아픈데 어디를 데려가시려고요?"
남자들은 대꾸도 하지 않았다. 문수는 어머니의 손을 살며시 놓고 차에 올랐다. 창문 너머로 보이는 어머니의 눈에는 눈물이 맺혀 있었다.

문수는 영천 읍내를 거쳐 대구 보안사로 끌려갔다. 그리고 그곳에서, 경북고 동창 이영훈과 김재근을 만났다. 서로의 얼굴을 보는 순간, 이 일이 단순한 오해가 아니라는 것을 직감했다. 그들은 다시 서울로 이송되었다. 목적지는 남산, 그 악명 높은 중앙정보부였다.

서울시 남산 2청사로 사용되던 옛 중앙정보부(현 국정원) 모습

"이걸 본 적 있나?"

취조관이 낡은 유인물을 책상 위에 던졌다. '타도'라는 굵은 글씨가 선명했다. 문수는 고개를 저었다.

"모릅니다."

그의 대답이 끝나기가 무섭게 취조관의 손이 날아왔다. 얼굴이 휙 돌아가며 뺨이 얼얼해졌다.

"모른다고 될 일이 아니다. 네가 알고 있는 걸 말해."

하지만 그는 정말로 몰랐다. 이곳에서 무엇을 말하면 살고, 무엇을 말하면 죽는지조차 알 수 없었다. 취조는 반복되었고, 밤은 길었다.

문수는 결국 아무것도 실토하지 않았다. 아니, 실토할 것이 없었다. 몇 번의 심문 끝에, 마침내 그는 풀려났다. 돌아가는 길에 건네받은 것은 차비 몇 푼. 문수는 그 돈을 손에 쥐고 한참을 서 있었다. 이것이 끝일까? 아니면 시작일까?

고향으로 돌아온 그는 다시 문밖에서 수군거리는 소리를 들었다. 하지만 이번엔 문수도 알았다. 그들이 어떤 말을 하든, 자신은 살아남아야 한다는 것을. 무릎 꿇은 순간은 많았지만, 절대 꺾이지는 않겠다고 다짐했다.

10
학생운동에서
노동운동으로

고향의 풍경은 그대로여도 그에게는 이제 더 이상 편안함으로 다가오지 않았다.

학교에선 자리할 곳이 없었고, 농민운동은 아무런 결실을 맺지 못한 채 무력하게 끝나버렸다. 그는 땅을 갈고 씨앗을 심으며 시간을 보냈지만, 그 모든 노력에도 결국 밀 한 됫박의 값은 커피 한 잔에도 미치지 못했다. 현실은 그저 차갑고, 무기력했다.

'이대로는 안 돼.'

문수는 깊은 한숨을 내쉬며 다시 서울로 떠났다.

서울에서 그는 제적된 다른 학생들과 함께 아르바이트를 하며 진로를 고민했다. 그러나 그들의 대화는 점점 무겁게만 흘러갔다.

"너는 어쩔 거야? 계속 이렇게 살 순 없잖아?"

"대학을 포기할 순 없어. 복교 조치가 내려지지 않을까 싶어서…."

"박정희 정권 아래에서는 그런 거 절대 없을 거야. 그건 꿈도 꿀 수 없어."

대부분의 학생들은 복교 조치를 바랐지만, 박정희 대통령의 말은 그 어떤 희망도 부숴버렸다. "제적과 복교를 반복하지 않겠다. 영원히 대학사회에서 격리하겠다"는 그의 강력한 발언은 그들의 미래를 단호하게 잘라냈다. 복교에 대한 희망은 아예 없어진 셈이었다.

몇몇은 다른 학교에 다시 입학했지만, 문수는 여전히 여름날 공활에서 있었던 일들이 마음 속에 남아 있었다. 그때 그는 박정희 대통령을 독재자로만 여겼고, 그를 근대화의 위대한 지도자라고 생각할 수 없었다.

문수는 스스로 결정을 내렸다.
'노동자가 되어야겠다.'
그러나 일이 쉽게 풀리지 않았다. 여러 구직 사이트와 신문을 뒤져도, 아무 곳에서도 그를 받아주는 곳은 없었다. 그는 처음으로 큰 좌절을 맛보았다.

'대학에서 배운 것, 그리고 사회운동을 하며 추구했던 것들이 과연 내 삶에 어떤 의미였을까?'
그런 의문들이 머릿속을 떠나지 않았다.

그러던 어느날, 서울대학교 사회학 교수이자 학생운동의 선봉에 서 있던 안병직 교수를 만나게 되었다.

"문수 군, 운동은 감정적으로 하면 안 돼. 이론으로 무장해야 해."
교수의 말은 날카로웠지만, 그의 눈빛은 따뜻했다.
"그럼, 저는 이제 어떻게 해야 할까요? 제가 뭘 해야 할지 전혀 모르겠어요."
안 교수는 잠시 생각에 잠기더니 말했다.

"대학을 꼭 나와야만 하는 건 아니야. 공장에서 일하면서도 노동운동을 할 수 있어. 혁명은 대학 다니면서 해야만 하는 게 아니지."
그 말은 문수에게 큰 충격이었다.
"그럼, 어떻게 해야 할까요? 저는 아직 아무것도 모르겠어요."
"기술을 배우는 것도 하나의 방법이고, 공장에서 일하며 그들의 현실을 이해하는 것도 중요한 방법이야."

문수는 공활에서 봤던 노동자들의 모습이 떠올랐다. 하루 종일 몸을 혹사하며 일하는 그들의 삶이 문수의 마음을 무겁게 짓눌렀다.

안병직 교수(뒷줄 왼쪽 2번째·3번째가 김문수)와 관악산 연주암에서.

언제나 두려움 없이 시위의 선두에 서 있던 문수는, 안 교수에게 자랑스러우면서도 걱정스러운 존재였다. 문수가 노동운동을 선택한 것이 쉽지 않은 결정임을 알았지만, 교수는 확신했다. 그가 반드시 그 길을 갈 것이라고. 그리고 교수는 그에게 이렇게 말했다.

"너라면 할 수 있어. 세상을 바꾸려면 그 길을 가야 해. 핍박받는 노동자들을 위해 살아."

청계천에서 전태일이 분신자살한 사건 이후, 1970년대 학생운동은 두 가지 방식으로 나누어졌다. 하나는 노동자 속으로 들어가 그들의 의식을 깨우는 것이었고, 다른 하나는 자신만의 길을 걸으며 운동을 이끄는 것이었다.

문수는 전자의 길을 선택했다. 비록 그는 대학에서 제적당했지만, 그의 혁명적인 열정은 여전히 살아 있었다. 이제 그는 세상을 바꾸기 위한 길을 가기 위해, 노동자가 되어 싸우기로 결심했다.

그 길은 공장의 뜨거운 기계 소리와 함께, 그가 찾아갈 새로운 싸움터로 이어지고 있었다. 학생운동에서 노동운동으로, 그가 선택한 이 길은 그의 인생에서 가장 중요한 전환점이 될 것이었다.

Chapter 5

민주화와 노동운동의 중심에 서다

01 부서진 자존심, 새로운 결심
02 수배자의 선택
03 돌아갈 수 없는 시간, 지울 수 없는 후회
04 불꽃 속에서 길을 찾다
05 그는 노동자의 편에 섰다
06 믿는다는 것, 싸운다는 것
07 고문실의 창, 감옥의 문
08 출근하지 못한 노동자
09 봄은 끝나지 않았다
10 어느 노동자의 도망, 그리고 생존

01
부서진 자존심,
새로운 결심

 김문수는 전태일이 세상을 떠난 날, 그의 죽음이 단순히 한 사람의 비극에 그치지 않음을 직감했다. 그날, 서울의 창동 낡은 판잣집에서 전태일의 어머니 이소선 여사를 만났을 때, 문수는 그 집이 마치 세상의 끝처럼 느껴졌다. 바람조차 들지 않는 좁고 낡은 공간 속에서 가족들은 숨을 죽이고 살아갔다.

 전태일의 분신자살은 노동자들의 마음에 불을 지폈고, 그 불길은 곧 김문수의 마음속에도 타오르기 시작했다. 그 비극적인 죽음은 이 사회에서 노동자들의 목소리를 듣지 않는 시스템에 대한 울부짖음이었다.

 그날 이후, 문수는 이소선 여사와 가족들 그리고 노조 간부들과 함께 밤을 새우며 노동자들의 권리를 위해 싸울 계획을 세웠다. 그는 한자와 사회과목을 가르치며, 그들에게 근로기

준법을 풀어주는 일에 몰두했다. 초등학교만 나온 사람들에게 법률을 이해시키는 일은 그가 예상한 것보다 훨씬 더 힘든 일이었다. 하지만 문수는 그것이 그들에게 더 나은 삶을 위한 첫걸음임을 알았다.

평화시장 출신 김문수, 전태일 동상 앞에서

그러나 어느 날, 문수는 더 이상 그저 '가르치는 사람'으로 남을 수 없다는 강한 결심을 했다. 그도 노동자가 되어야 한다고 느꼈다. 그리고 그는 청계천 신평화시장에서 재단을 배우기로 결심했다.

동대문 시장에서 일자리를 구했을 때, 문수는 기대에 가득 찬 마음으로 그곳에 발을 들였다. 하지만 그가 맞닥뜨린 현실은 너무나도 달랐다. 그가 해야 할 일은 재단이 아니었다. '또또치기', 옷에 구멍을 내고 단추를 다는 일이 그를 기다리고 있었다. '또또사'라 불리는 이 일은 문수에게 그 무엇보다 낯설고 고통스러웠다.

초등학교밖에 못 나온 아이들이 손끝이 보이지 않을 정도로 빠르고 정확하게 일을 해내는데, 그는 그 속도를 따라잡을 수 없었다. 단추를 다는 손놀림은 너무 서툴렀고, 옷에 구멍을 내는 실수를 끝없이 반복됐다. 그가 일을 할 때마다 주위에서 들려오는 구박 소리는 그의 심장을 찔렀다. 그의 자존심은 매일매일 조금씩 부서져갔다.

일을 한 지 한 달쯤 돼서 사장의 호출을 받았다.
"김 씨, 이리 좀 와 봐."
사장은 문수를 '김 씨'라고 불렀다. 이름 대신 성을 부르는 것에 익숙해진 문수는 그때부터 자신이 이곳에서 얼마나 낯설고, 이방인처럼 취급받고 있는지 깨달았다.
"김 씨는 안 되겠어. 집에 가든지, 다른 데 알아보든지. 여기선 더 이상 일 못 해."

사장의 차갑고 무뚝뚝한 말에 문수는 입을 열지 못했다. 고작 만 원을 쥐고, 그는 그곳을 떠났다. 하루 종일 죽어라 일해도 그만큼의 대가를 받지 못한 현실에, 문수는 허탈함과 분노가 함께 밀려왔다.

그 후에도 문수는 여러 곳에서 일자리를 찾아 다녔다. 하지만 상황은 조금도 나아지지 않았다. 손이 굼뜨고, 어설픈 그를 받아줄 곳은 없었다.

여러 군데를 전전하며 결국 그는 재단 보조로 취직했으나, 또다시 그가 해야 할 일은 다림질, 즉 '시아게'뿐이었다. 매일같이 다림질만 하다 보니 점점 더 지쳐갔다.

3일이 지나자, 이번에도 재단사가 불만을 터뜨렸다.

"넌 도저히 이쪽엔 소질이 없는 것 같아. 다른 데 알아봐."

문수는 맥이 빠졌다. 이번에도 실패한 것이다. 또다시 좌절감을 느꼈다. 모든 것이 벽에 부딪힌 듯 느낌이었다.

하지만 그때, 문수는 새로운 결심을 했다. 자동차 정비 기술을 배우기로 한 것이다. 그 선택은 문수에게 커다란 전환점을 가져올 것이었고, 그가 한 발짝 더 나아가게 할 기회를 열어줄 것이었다. 새로운 길을 향해, 문수는 다시 한번 일어섰다.

02
수배자의 선택

1973년, 김문수의 삶은 예상치 못한 전환점을 맞이했다. 자동차 정비 기술을 배우며, 미래를 준비하고 있던 그에게 고향에서 온 소식은 충격 그 자체였다.

복학 통지. 한때 대학을 떠나 노동자의 길을 택했던 그에게는 다시 한번 학교로 돌아가야 한다는 선택지가 주어졌다. 이 소식에 그의 마음은 복잡했다.

복학 통지를 확인한 어머니는 가까스로 등록금을 준비해 문수에게 전달했다. 그러면서 조심스럽지만 단호하게 당부했다.

"문수야, 네가 어떤 길을 가든 엄마는 네 선택을 믿는다. 하지만 대학만큼은 꼭 졸업해야 한다."

어머니의 말은 그에게 마치 무겁고 깊은 무언가를 던져넣은 듯한 느낌을 줬다. 그녀의 목소리에는 진심이 담겨 있었다. 문수는 그의 선택이 집안에 어떤 영향을 미칠지 잘 알고 있었다. 그러나 그의 마음 한켠에서는 이미 노동자의 길을 걷기로 결심했던 자신이 있었다. 그래서 복학을 해야 하는지에 대해 갈등은 깊어져만 갔다.

문수는 처음에 제적을 당했을 때, 대학에 대한 미련이 많이 남았다. 하지만 자동차 정비를 배우는 일이 점점 더 흥미를 끌었고, 그 길에 대해선 확신을 가지게 되었다. 이론 시험도 합격했고, 그는 현장으로 나가기를 원했다. 그러나 복학 통지가 온 순간, 그가 무엇을 해야 할지 다시 고민하게 만들었다. 복학을 결심한 친구들은 문수에게도 그 길을 권했다.
"문수야, 대학은 졸업하고 나서 선택해도 늦지 않아. 졸업은 마쳐야지. 그 후에도 원하는 길을 갈 수 있지 않겠냐?"

친구들의 말에 문수는 며칠 밤을 새우며 고민했다. 그의 마음속에는 여전히 노동자의 길을 택한 결심이 있었지만, 그가 고향에서 자라온 방식, 가족들의 기대를 외면할 수는 없었다. 결국 문수는 복학을 결심하지만, 그것이 반드시 자신이 원하는 길이라고 확신할 수는 없었다. 그럼에도 불구하고 그의 결단은 변하지 않았다. 노동자의 길은 여전히 그의 목표였기 때문이다.

하지만 복학 후, 문수는 대학 생활에 적응할 수 없었다. 그의 마음과 대학의 세계는 너무나도 달랐다. 그가 떠났던 학교의 분위기는 점차 낭만적인 대학 문화로 변해가고 있었다. 청바지에 통기타를 들고 떠들썩한 캠퍼스는 문수에게 그저 다른 세상처럼 느껴졌다. 동기들과 후배들은 대학 생활에 만족하고, 좋은 직장과 안정된 미래를 꿈꾸며 살아가고 있었다. 문수는 그들 속에서 철저히 이방인처럼 느껴졌다. 한편으로는 처음부터 그런 삶을 유치하다고 생각해 왔고, 그런 것에 큰 가치를 두지 않았던 자신도 알고 있었다.

문수는 다시 동아리 활동을 시작했다. 그러나 그곳에서도 낯선 감정을 느꼈다. 후배들에게 문수는 '그저 데모하다 제적된 꼴통 선배'에 불과했다.

후배들은 여전히 관념에 빠져 운동을 하고 있었고, 문수는 그들과 진지하게 대화해도 깊은 교감을 느낄 수 없었다. 그들의 생각은 이론적이고, 문수의 현실적 경험과는 너무나도 거리가 멀었다. 그가 경험한 노동자의 삶은 학교에서 배운 이론과는 차원이 다른 것이었다. 동아리 활동과 학교생활은 문수에게 점차 무의미하게 느껴졌고, 그는 결국 복학생 선배들의 권유로 민청학련에 가담하게 되었다.

민청학련 사건을 보도한 1974년 4월 25일자 동아일보

복학 당시, 국내 정치 상황은 점점 악화되고 있었다. 1973년 8월, 김대중 납치 사건을 계기로 반정부 시위가 전국적으로 확산되었고, 문수는 그 시기에 혁명의 기운이 커져가는 것을 느꼈다. 그는 직접 시위에 나서지 않았지만, 민청학련의 조직을 구축하며 세상의 변화를 꿈꾸고 있었다. 그때 안병직 교수는 문수에게 충고를 했다.

"문수야, 지금은 그만두는 게 좋겠어. 계속 가다간 너도 위험에 빠질 거다. 더 이상 이 일을 계속하면, 결국 너도 건달처럼 변하게 될 거야."

안 교수의 충고에 문수는 흔들렸다. 하지만 그가 믿었던 길을 포기할 수는 없었다. 그는 후배에게 일을 넘기고, 다시 한 번 현장으로 돌아가려고 마음먹었다. 그러나 이내 국가의 움직임은 예기치 않게 그를 옥죄었다. 민청학련 사건으로 대대적인 색출이 이루어졌고, 그는 수배자로 지목되었다.

수배자의 신분이 된 문수는 창동의 좁은 방에서 숨어 지내기 시작했다. 밤마다 경찰의 수색이 집집마다 이어졌고, 그는 숨죽여 지내야만 했다. 그것은 문수에게 일종의 시험이었다. 그가 선택한 길이 맞는지, 그 길을 계속 가야 하는지 확신이 서지 않던 순간이었다.

두 달간의 숨 막히는 시간이 흐르고, 경찰의 수색은 잠잠해졌다. 문수는 그제야 벼랑 끝에서 한 줄기 빛을 본 듯한 기분이 들었다. 그러나 그와 함께 남아 있던 것은 여전히, 세상을 바꾸겠다는 강한 신념이었다. 그는 다시 돌아갈 수 없는 길을 선택했고, 그 길을 가기로 결심했다.

03
돌아갈 수 없는 시간,
지울 수 없는 후회

문수는 늘 혼자였다. 언제나 외롭고, 고독했다. 그가 사는 세상은 추적당하는 그림자처럼 숨 가쁘게 돌고 있었다. 가족들은 그에게 단순한 과거의 연대감일 뿐, 손을 내밀고 싶어도 그럴 수 없었다. 연락은 끊기고, 그는 아무도 믿지 못했다. 오직 자신만 믿으며, 가족에게조차 의지하지 못한 채 수배 생활을 이어갔다.

그런데 시간이 지나면서, 문수의 마음속에서 뭔가 변했다. 더 이상 떠날 수 없는 현실에 놓인 그는, 과거의 그리움을 억누를 수 없었다. 형에게 연락했다. 그리고 그 순간, 현실이 그에게 차가운 손을 내밀었다.

"형, 어떻게 지내? 나는 괜찮아, 잘 버티고 있어."
하지만 형의 목소리는 생각보다 차갑고 차분했다.
"문수야, 네가 괜찮다니 다행인데… 사실 어머니가 많이 아프셔. 위암 말기래."

그 말이 떨어지자마자, 문수의 온몸은 얼어붙었다. '어머니가? 위암 말기라고?' 그의 머릿속은 하얗게 변했고, 그 순간, 세상 모든 것이 멈춘 듯했다. 어머니는 언제나 자신의 곁에 있을 것 같았다. 늘 그 자리에 있을 거라고 믿었다. 그런 어머니가 죽음을 맞이할 준비를 하고 있다니, 너무나 허망했다.

문수는 늘 어머니의 자랑거리였다. 그런 어머니를 자주 찾아뵙지 않았다. 그는 자책하며 곧바로 고향으로 향했다. 수배 중이었지만, 그런 건 이제 아무 상관 없었다.

고향에 도착하자, 그의 눈앞에는 한 마리 새처럼 말라가는 어머니가 있었다. 예전의 활기찬 모습은 온데간데없이, 그저 앙상한 몸으로 침대에 누워 있는 어머니는 그 모습만으로도 문수의 가슴을 찢어놓았다.

"괜찮아. 네가 건강해서 정말 고마운걸."

어머니는 힘겹게 미소를 지었다. 문수는 눈물조차 쏟을 수 없었다. 어머니를 위해 할 수 있는 일이 아무것도 없다는 사실에, 마음이 무너졌다.

그저 그가 할 수 있는 일이라곤 위암에 좋다는 약초를 찾으러 다니고, 굼벵이가 암에 좋다고 해서 그것을 볶아드리는 일

정도였다. 그러나 병세는 점점 더 악화될 뿐이었다. 결국 어머니는 그해 겨울, 세상을 떠나셨다.

임종 전, 고개를 떨구고 있는 문수에게 어머니가 말했다.

"문수야. 안아줘."

어머니의 몸은 새털처럼 가벼워졌고, 그 짧은 시간 동안 문수는 아픈 가슴을 억누르며 어머니를 품에 안았다. 그때 문수는, 자신이 얼마나 늦게 깨달았는지, 그 깨달음이 얼마나 무겁고 아픈지 알았다. 어머니는 떠났고, 그는 그 어느 때보다도 고통스러웠다.

어머니와 아버지

장례를 치르고, 문수는 묘소 앞에서 무릎을 꿇고 울었다. 그 울음은 단순한 슬픔이 아니었다. 자책, 후회, 그리고 끝내 이루지 못한 약속이 혼합된 감정이었다.

'나는 정말 잘하고 있는 걸까? 내가 이 길을 선택한 게 맞는 걸까?'

그때까지도 그는 그 길이 옳았다고 믿고 싶었지만, 세상에 대한 의문이 그의 마음을 괴롭혔다.

그날 문수는 어머니의 손편지를 발견했다. 색이 바랜 편지 속, 어머니는 문수에게 "열심히 공부하라"며 간절히 부탁했었다. 그 당시에는 그 편지를 무심코 넘겼지만, 지금 그 편지는 문수에게 어머니의 마지막 유언처럼 다가왔다.

무심한 이 어미는 그날 무사히 도착해 대구 와서 있다 보니 너희들이 어떻게 지내는지 걱정이 끝이 없구나. 못난 어미는 생활비 부칠 능력이 못 되고 보니 너희들에게 부끄럽기만 하구나. 문수야 이제 학교에 다니겠지. 모쪼록 열심히 다니길 거듭 부탁한다.
내가 대구에 오는 날 서에 문의하였는데 "니가 학교에 가나 안 가나?"하고 물어보니 "등록하여서 6일부터 학교에 잘 다닌다"고 답하였단다. 그럼, 너희 형제 별고 없이 잘 지낼 줄 믿는다.

그럼, 너희들 몸 건강하고 사이좋게 지내는 것이 어미의 소원, 축원이다.

4월 10일 고내꼴에서
어미

두 번의 제적과 두 번의 투옥 끝에 25년 만에 받은 졸업장.
뒤늦게나마 어머니의 바람을 이루어드렸다.

04
불꽃 속에서
길을 찾다

　1975년 봄, 문수는 다시 일어섰다. 두 번째 제적. 이제 학교로 돌아갈 길은 사라진 듯했다. 멍하니 천장을 바라보던 그에게 주어진 선택지는 많지 않았다. 그러나 그는 주저하지 않았다. 다시 공장으로, 다시 노동자의 길로 돌아가기로 했다. 이번에는 보일러 기술을 배우기로 했다. 자동차 정비도, 재단사 일도 오래 버티지 못했던 지난날을 떠올리며, 이번만큼은 포기하지 않겠다고 다짐했다.

　기술을 배우는 과정은 생각보다 순조로웠다. 학원에서 몇 달을 배우고 자격증을 따자, 종로6가의 실내 수영장에서 보일러공 자리가 생겼다. 오랜만에 손에 잡히는 일거리가 생겼다는 것만으로도 기뻤다. 단순한 노동이 아니라 하나의 기술을 익힌다는 사실이 그를 지탱해 주었다. 보일러실에서 보내는 시간은 그에게 단순한 생계를 넘어선 의미를 지니기 시작했다.

이듬해, 문수는 더 큰 기회를 잡았다. 도루코 면도날과 지퍼를 만드는 한일공업에 입사하면서 그의 월급은 두 배로 뛰었다. 하지만 돈이 그를 움직이게 한 것은 아니었다. 그는 자신이 더 나아갈 길을 찾고 있었다.

보일러공으로 취직해 6년간 근무했던 도루코의 노조위원장 활동 시절

그 무렵, 제조업체들이 배출하는 오염 문제가 사회적 논란이 되면서 '공해 관리사' 자격증이 주목받기 시작했다. 회사에서도 직원들에게 시험을 권장했지만, 어려운 시험 탓에 도전하는 사람이 많지 않았다. 문수는 고민 없이 도전장을 던졌다. 공장을 나와 곧장 독서실로 향하고, 밤새도록 책을 붙들고 씨름하는 나날이 이어졌다.

그리고 마침내, 합격. 회사에서 단 한 명, 문수만이 공해 관리사 자격을 따냈다. 공대 졸업자들도 연이어 낙방하는 시험이었다. 사람들은 놀랐고, 문수를 다시 보기 시작했다. 한때

'김 씨'라 불리던 청년이 이제는 회사의 중요한 자리에서 공해 방지 시설을 총괄하는 사람이 되었다.

그러나 인생은 그에게 달콤한 성공만을 허락하지 않았다.
1977년, 어머니가 세상을 떠난 지 2년 만에 아버지와 큰형이 화재로 세상을 떠났다. 고향집이 온통 불길에 휩싸이는 모습을 그는 아무것도 하지 못한 채 지켜볼 수밖에 없었다. 그의 가슴속에서 또 하나의 불길이 타올랐다. 그러나 이번에는 절망이 아니라 결의였다.
세상은 언제나 불안정했다. 하지만 그는 뜨거운 불꽃 속에서 길을 찾아내는 사람이 되고 있었다.

05
그는
노동자의 편에 섰다

　회사는 거대했고, 노동자들은 약했다. 그리고 그 한가운데, 문수가 서 있었다.
　공장에서 기술자로 인정받으며 한층 안정된 삶을 꾸려가던 그에게 뜻밖의 제안이 들어왔다. 노조를 다시 세우자는 것이었다. 이미 무력화된 노조, 탄압과 협박으로 조용해진 현장. 아무도 앞장서려 하지 않는 상황에서, 노조 간부들은 조심스레 문수에게 손을 내밀었다.
　"이대로는 안 됩니다. 다시 시작해야 합니다."

　문수는 고민하지 않았다. 그는 공장에서 누구보다 성실하게 일해 왔고, 동료들에게 신뢰받는 사람이었다. 그리고 무엇보다, 변화를 원했다.
　1978년, 무너졌던 노조가 다시 세워졌다. 하지만 곧바로 회사의 반격이 시작되었다.

일감이 외주로 빠져나갔고, 조합원들이 하나둘 해고됐다. 회사는 교묘한 협박과 회유를 병행했다. "지금이라도 노조를 탈퇴하면 문제 삼지 않겠다." 겁을 먹은 사람들은 등을 돌리기 시작했고, 노조는 와해 직전이었다.

문수는 더 이상 참을 수 없었다.
"우리가 이렇게 주저앉으면, 이 회사에서 노동자는 영원히 힘없는 존재로 남을 겁니다."
지도부는 망설였고, 노조위원장은 우유부단했다. 참다못한 문수는 강하게 말했다.
"자신 없으면 그만두십시오."
결국, 위원장이 사퇴했고 문수가 직무대리를 맡았다. 조합원들 사이에서는 이미 "문수밖에 없다"는 분위기가 형성돼 있었다.

첫 번째 싸움은 임금이었다.
지금처럼 인상안을 두고 협상하는 것이 아니었다. 기본적인 월급조차 제때 받지 못하는 현실이었다. 돈이 있으면 주고, 없으면 밀리는 식이었다. 1년 내내 월급을 떼이는 일이 다반사였고, 사람들은 불만을 삼켰다.

하지만 문수는 다르게 생각했다.

"월급을 안 주면, 우리도 일손을 놓겠습니다."

파업 선언!

그 시절, 파업이란 말은 곧 '해고'를 의미했다. 하지만 문수는 물러서지 않았다.

처음엔 회사도 비웃었다. 그러나 시간이 지나자 사태의 심각성을 깨달았다. 기계가 멈추고, 공장이 멈추자 회사도 더는 버티지 못했다. 결국 밀린 월급이 지급되었다.

그날 이후, 회사는 더 이상 노동자들의 월급을 함부로 늦출 수 없었다.

문수는 노조 사무실도 바꿨다. 이전의 공간은 권위적인 분위기로, 아무도 쉽게 드나들지 못했다. 그는 무거운 가죽 소파를 치우고, 누구나 편하게 와서 고민을 나눌 수 있는 장소로 만들었다.

노조 활동은 점점 활발해졌고, 불합리한 관행들이 하나둘 사라졌다. 하지만 회사도 가만히 있지 않았다. 해고자는 100명을 넘어섰다. 탄압은 더욱 거세졌다. 그러나 문수는 끝까지 동료들과 함께했다.

그는 단순한 노동자가 아니었다. 그는 변화를 만들어내는 사람이었다.

작은 불씨가 거대한 불꽃이 되듯, 한 사람의 결심은 결국 모두를 움직였다.

1970년대 노동운동을 할 무렵. 철저한 현장주의자, '김문수 스타일'은 이때부터 생겨났다.

06
믿는다는 것,
싸운다는 것

회사에선 그를 제거하는 것이 가장 시급한 과제였다. 김문수라는 이름은 이제 사측에게 '문제'였다.

그는 노동자의 편에 서서 한 발짝도 물러서지 않았고, 그 태도는 사측의 신경을 긁었다. 그래서 그들은 결정을 내렸다. 직접 그를 끌어내릴 필요는 없었다. 대신, 그가 설 땅을 없애버리기로 했다.

1979년 노조 총회를 앞두고, 공장 안에는 이상한 기류가 돌기 시작했다. 대의원들이 하나둘 변하기 시작했다. 그리고 어느 날, 한 대의원이 그를 조용히 불렀다.

"김 대리, 회사에서 돈을 돌리고 있어요. 이미 절반 넘는 대의원이 넘어갔…."

말끝이 흐려졌지만, 김문수는 더 이상 들을 필요가 없었다. 믿고 의지했던 동료들이 한순간에 돌아섰다는 것. 그것만으로도 충분했다.

그대로라면 그는 위원장 자리에서 밀려날 것이고, 노조는 다시 회사의 손에 들어가게 될 터였다. 그러나 문수는 물러서지 않았다.

'이대로 당할 순 없다.'

시간이 많지 않았다. 고민 끝에 그는 한 가지 방법을 떠올렸다.

회사와 대의원들이 판을 짜놓았다면, 그는 그 판을 깨기로 했다. 대의원 투표가 아니라, 조합원 전체가 참여하는 총회를 여는 것. 노동조합법에도 조합원 총회가 기본 원칙으로 명시되어 있었으니, 이를 활용할 수 있었다.

결정이 내려지자 그는 즉시 행동에 돌입했다. 공고를 내고, 사람들을 설득했다.

반발은 예상했던 대로였다.

"갑자기 총회를 연다고요? 그건 불가능합니다!"

"이게 말이 됩니까?"

노조 간부들도, 대의원들도 들고일어났다. 혼란이 일었다. 누군가는 김문수에게 직접 찾아와 따져 물었고, 누군가는 그를 향한 불신을 퍼뜨렸다.

하지만 그는 흔들리지 않았다.
"노조원의 목소리가 곧 법입니다."
그는 단호했고, 그 단호함은 점차 조합원들에게 신뢰로 전해졌다.
드디어 총회 당일.
공장 한쪽에 마련된 넓은 공간에는 노동자들이 하나둘 모여들었다. 800명의 조합원 중 700명이 참석했다. 일부는 회사의 눈치를 보며 퇴근했고, 일부는 여전히 결정을 망설였다. 그러나 남은 사람들은 저마다 굳은 표정으로 투표용지를 들었다.

결과는 단 한 줄의 숫자로 증명되었다.
찬성 698표, 반대 2표.
순간, 조용하던 공장 안이 들썩였다. 누군가는 주먹을 불끈 쥐었고, 누군가는 서로를 껴안았다. 김문수는 압도적인 지지로 위원장이 되었다.

그날, 사람들은 처음으로 알게 되었다.
그들의 목소리는 결코 작지 않다는 것을. 그리고 싸우지 않으면 빼앗긴다는 것을.

그는 여전히 스물아홉이었지만, 이제 그의 선택과 결단이 만들어낸 변화는 개인의 싸움이 아니었다.

그는 회사를 바꿔 놓았다. 아니, 노동자들과 함께 회사를 되찾아 왔다.

1985년 4월 인천 부평 일동성당에서 해고 노동자들과 농성을 벌이고 있는 김문수

07
고문실의 창,
감옥의 문

1980년 2월 어느 날, 김문수는 평소처럼 사무실을 정리하고 있었다. 먼지를 털고, 의자를 가지런히 놓고, 커피 한 잔을 내려 책상 위에 두었다. 노조 사무실은 늘 분주했지만, 문수는 사무실을 가장 먼저 열고 가장 늦게 닫는 사람이었다.

그때 문을 열고 두 사람이 들어왔다. 낯선 얼굴이었다.
"김문수 씨죠?"
"네, 그런데요?"
"잠깐 같이 가시죠."
문수는 그 순간 직감했다. 그들의 태도, 낮은 목소리, 그리고 분위기. 사복형사였다.
남영동. 그 이름 하나로 모든 것이 설명되었다.
좁은 복도, 차가운 벽, 그리고 바닥에 고인 습기까지. 남영동 치안본부 대공분실은 단순한 조사실이 아니었다. 그곳은 사람을 무너뜨리는 곳이었다.

심문은 간단명료했다.

"당신은 사회주의자입니까?"

그에게 주어진 선택지는 없었다. 대답을 요구하는 방식은 참혹했고, 부정한다고 끝날 일이 아니었다. 그들은 원하는 답이 나올 때까지 반복적으로 질문했고, 대답을 거부하면 다시 같은 질문이 이어졌다.

대공 분실에서의 42일은 그가 경험한 그 어떤 시간보다 길고 처절했다. 방 안의 창문은 도망칠 수 없도록 좁게 설계되어 있었고, 고문은 언제 끝날지 알 수 없었다.

남영동 대공분실

그가 잡혀온 이유 또한 간단명료했다.

책 한 권. 그가 읽고 있던 책이 금서로 지정되어 있었다. 그 책을 가지고 있다는 이유만으로 그는 '반공법 위반' 혐의를 받았다.

그곳에서 42일이 지난 후, 그는 노량진 경찰서를 거쳐 서대문 구치소로 이송됐다.

구치소는 또 다른 세계였다.

차가운 감방 바닥에는 가마니가 깔려 있었고, 그 위로 구더기와 벌레가 기어 다녔다. 밤에는 얇은 담요 한 장으로 버텨야 했고, 낮에는 감방 안의 어둠이 그를 짓눌렀다.

그곳에서 그는 두 달을 보냈다. 그리고 그 시간이 지나자, 그는 느꼈다.

자신이 더는 예전의 김문수가 아니라는 것을.

그를 짓눌렀던 것은 차가운 감방도, 끝없는 심문도 아니었다. 가장 큰 공포는 신념이 흔들리는 것이었다.

그러나 그는 흔들리지 않았다.

석방된 김문수는 다시 노동 현장으로 돌아왔다.

남영동의 창문은 작았지만, 감옥의 문은 닫혔지만, 그의 길은 여전히 열려 있었다.

08
출근하지 못한 노동자

김문수가 구치소에서 풀려나던 날, 세상은 변한 것 같지 않았다. 그러나 그의 부재 속에서 회사는 변해 있었다. 동료들은 흩어졌고, 해고자는 늘었으며, 노조 사무실은 무거운 침묵 속에 갇혀 있었다.

그에 대한 소문은 이미 바람처럼 퍼져 있었다.
"김문수가 간첩이라던데?"
"아니, 서울대 나왔다며?"
빨갱이라는 낙인과 엘리트라는 사실이 함께 뒤섞이며, 사람들의 반응도 엇갈렸다.
하지만 동료들은 그를 다시 만난 순간 모든 것을 이해했다. 그가 감옥에서 살아 돌아왔다는 사실 하나만으로도, 그가 어떤 사람인지 증명되었다.

그가 출근하던 날, 회사 정문은 경찰과 경비로 가로막혀 있었다.

"복직은 불가능합니다."

회사의 입장은 단호했다. 그러나 그를 기다리던 것은 경찰이 아니라 동료들이었다.

수백 명의 노동자들이 그를 둘러싸고 외쳤다.

"들어가자!"

그는 그들을 막지 않았다. 정문이 뚫리고, 수백 명의 노동자가 마당을 가득 채웠다. 함성이 울려 퍼졌다.

"해고자 전원 복직!"

"임금 인상 30%!"

파업은 하루 만에 끝날 일이 아니었다. 일주일이 지나도록 누구도 물러서지 않았다. 결국 회사는 모든 요구를 받아들였다. 해고자들은 복직되었고, 임금은 인상되었다.

그 순간, 김문수는 단순한 노조위원장이 아니었다.

이제 그는 한 사람의 노동자가 아닌, 더 큰 싸움을 해야 하는 사람이었다.

그의 이름은 점점 더 멀리 퍼졌다. 금속노조 본부에서도,

지역 노동운동 안에서도. 그의 존재는 더 이상 작은 공장의 문제에 머물지 않았다.

그는 다시 길을 나섰다.

다른 공장으로, 다른 현장으로.

새로운 노조가 결성될 때마다, 불합리한 해고가 있을 때마다, 김문수는 그곳에 있었다.

그가 다시 출근할 수 없는 곳이 늘어날수록, 그의 싸움은 더 커져갔다.

어쩌면 그는 평생 출근하지 못하는 노동자가 될 것이었다.

그러나 그걸 두려워할 이유는 없었다.

그는 알고 있었다.

출근하지 못한 노동자가 세상을 바꾼다는 것을.

'노동운동의 전설' 시절 김문수

09
봄은
끝나지 않았다

1980년 5월 17일, 김문수는 금속노조 남서울지부 사무실에 남아 있었다. 노동자들은 이미 피곤에 절어 있었지만, 그는 책상을 짚고 선 채로 깊은 생각에 잠겼다. 벌써 보름째 이어진 철야농성. 노동 기본권을 쟁취하겠다는 의지가 그를 여기까지 버텨오게 했다.

자정 무렵, 뉴스가 퍼지기 시작했다. 전국으로 확대된 비상계엄령. 주요 정치인들이 체포됐다는 소식. 그러나 그는 여전히 그 의미를 온전히 받아들이지 못했다.
'우리에게 중요한 건 노동운동이지, 정치가 아니다.'
그의 생각은 간결했다. 그리고 그 믿음은 흔들림이 없었다.

다음 날 아침, 김문수는 동료들과 함께 영등포 경찰서로 향했다. 집회 신고서를 제출하기 위해서였다. 그러나 경찰서 앞은 이상했다. 완전 무장한 군인들이 서 있었다. 형사들의 표정은 경직되어 있었다.

"집회 신고하러 왔습니다."

형사가 손을 내저었다.

"집회? 세상이 어떻게 돌아가는지도 모르고?"

잠시 적막이 흘렀다.

"12시 이전까지 해산하지 않으면 무슨 일이 생길지 나도 몰라."

그 말은 협박이라기보다는 경고에 가까웠다.

농성장으로 돌아온 그는 동료들과 논의 끝에 결국 해산을 결정했다.

'이 싸움은 잠시 멈출 수밖에 없다.' 그것이 그날 내린 결론이었다.

하지만 더 큰 혼란은 그다음부터였다.

"광주에서 무슨 일이 벌어지고 있다."

소문이 퍼졌다. 하지만 방송은 침묵했고, 신문도 조용했다. 오직 광주 출신 조합원들의 입을 통해 전해지는 이야기뿐이었다. 믿을 수 없는 장면들, 믿고 싶지 않은 현실.

김문수는 처음으로 자신이 너무 작은 존재처럼 느껴졌다.

'내가 뭘 할 수 있지?'

아무것도 하지 못한 채 시간이 흘러가고 있었다. 노동운동을 한다고 외쳤지만, 지금 그가 할 수 있는 일은 아무것도 없었다.

하지만 그는 곧 깨달았다.
아직 끝난 게 아니다.
세상이 바뀌는 순간은 단 한 번의 싸움으로 완성되지 않는다. 광주의 봄이 짓밟혔다고 해서, 이 봄이 끝나는 것은 아니다.
그러니 그는 멈출 수 없었다.
해야 할 일은 아직 남아 있었다.

5.18 광주민중항쟁

10
어느 노동자의 도망, 그리고 생존

1980년 여름, 김문수는 생애 가장 혼란스러운 순간을 맞이했다. 한때 그는 노동조합 지부장으로서 조합원들을 대표해 협상 테이블에 앉았고, 거리에서 손팻말을 들었다. 하지만 어느 날, 그에게 날아든 한마디가 모든 것을 바꿔놓았다.

"김 위원장, 계속하면 삼청교육대로 끌려가게 될 거야."

순간 숨이 멎는 듯했다. 삼청교육대. 그 이름은 이미 공포 그 자체였다. 전과자와 폭력배를 갱생시키겠다며 만들어졌지만, 실제로는 정부에 반대하는 사람들을 강제로 끌고 가 군사훈련을 시키고, 인간 이하의 대우를 하는 곳이었다.

김문수는 그곳에 끌려간 사람들의 이야기를 들었다. 매일같이 군홧발에 짓밟히고, 구타당하며, 끝없이 달리기를 강요받다가 탈진해 쓰러지면 방치되거나 더 심한 폭력을 당한다고 했다. 그곳에 들어가면 살아서 나올 수 있을지도 장담할 수 없었다. 그리고 이제, 그 이름이 자신의 삶을 덮쳐오고 있었다.

삼청교육대

"이해할 수 없습니다. 저는 노동조합 간부입니다. 도대체 왜 저를 정화 대상이라고 합니까?"

그는 노총 사무실을 찾아가 따져 물었지만, 돌아오는 대답은 단순했다.

"정부 방침이야. 어쩔 수 없어. 사표를 쓰는 게 최선일 거야."

사표. 모든 것을 포기하라는 말이었다. 지난 몇 년간의 투쟁과 노동자의 권리를 위한 싸움이 한순간에 사라지는 일이었다. 그러나 그가 계속 남아 있으면 정말로 끌려갈 수도 있었다. 이미 동료 몇 명이 보이지 않았다.

결국 그는 사표를 썼다. 그리고 얼마 후, 해고 통지서가 날아왔다. 노조 지부장 자리에서 물러난 지 두 달 만이었다.
노조 간부였다는 이유로 그는 다시 회사에서도 버려졌다. 아무리 항의해도 소용없었다. 이미 정권은 노동운동을 불온 세력으로 규정했고, 기업들은 알아서 정부의 뜻에 따라 움직이고 있었다.

1980년 12월, 한겨울이 시작될 무렵, 그는 피신해야 했다. 동료 몇 명이 군의 지하벙커로 끌려갔다는 소식이 들려왔기 때문이다.
"너도 명단에 있어."
친구의 경고는 간결했지만, 너무나도 선명한 공포였다.

그는 곧바로 짐을 싸서 집을 떠났다. 어디로 가야 할지 몰랐다. 그의 집 근처에는 이미 사람들이 배치되어 있을지도 몰랐다.
그렇게 그는 도망자가 되었다. 동료의 작은 원룸에서 며칠을 보내다가, 한적한 시골로 내려갔다. 도망치면서도 생각했다.

'내가 지금 도대체 뭘 하고 있는 거지? 이게 내가 원한 세상인가?'

자신이 사랑하는 노동조합, 함께 싸웠던 동료들, 그리고 평범했던 일상. 모든 것이 무너졌다. 그는 그저 일자리를 지키고, 노동자의 권리를 위해 싸웠을 뿐이었다. 그런데 지금, 그는 이름도 얼굴도 숨겨야 하는 신세가 되어버렸다.

1981년 1월, 계엄령이 해제되었다. 그는 신문을 펼쳐 보며 숨죽였다. 이제 돌아가도 될까? 그러나 동료들의 소식은 너무나도 달랐다.

"이기창이 삼청에 끌려갔다가 나왔대."

그는 말이 없었다. 이기창은 그의 후임 노조 지부장이었다. 결국 그 자리에서 버틴 사람은 잡혀갔다. 그곳에서 그는 몇 달 동안 혹독한 훈련과 폭력을 견뎌야 했다.

김문수는 한동안 누구에게도 연락하지 않았다. 무언가 다시 시작할 힘이 나지 않았다. 그는 노동운동을 했던 사람이라는 이유만으로 너무 많은 것을 잃었다.

그러나 시간이 흐르면서, 그는 깨달았다. 그가 멈춘다면, 그들의 싸움은 더욱더 쉽게 지워질 것이라고. 어둠 속에서도, 그는 다시 움직이기로 했다.

Chapter 6

정치적 각성과
투쟁의 길

01 혼자의 길, 함께하는 꿈
02 길을 잃은 자들을 위한 싸움
03 아이를 위한 싸움, 삶을 위한 전환점
04 한계 없는 결단, 민주화의 교차점에서
05 모든 것이 부서져도
06 그리움 속의 빈자리
07 구치소의 그늘에서
08 창살 너머, 아빠의 손
09 자유의 불꽃, 감옥 안에서 타오르다

01
혼자의 길,
함께하는 꿈

　김문수는 혼자였다. 30세가 되도록 그는 그 누구와도 함께 하지 않았다. 그의 길은 혼자 걸을 수밖에 없었다. 대학 동기들은 안정된 직장을 얻고, 결혼을 하고, 자녀까지 두었다. 그들의 삶은 이제 정해진 길 위에 놓여 있었고, 그들은 그 길에서 더 이상 물러설 일이 없었다. 하지만 김문수는 그렇지 않았다. 그는 다른 길을 걸었고, 그 길에서 그는 홀로 있었다.

　그 길 위에서 그의 고독은 때로는 고통스러웠고, 때로는 절망적으로 느껴졌다. 친구들은 그를 반갑게 맞아주었지만, 그 따뜻한 환대 속에서도 어딘가 모르게 미묘한 거리가 있었다. 한때는 어깨를 걸치고 함께 데모하며 혁명을 꿈꾸던 사이였지만, 10여 년 만에 서로의 삶이 너무 달라진 것이다. 그들에게 폐를 끼칠 수도 없어, 누구의 집이든 그는 하루만 머물고, 다음날 바로 떠났다.

김문수가 친구들의 집을 떠날 때마다 느끼는 마음의 무게는 상상 이상이었다. 친구들 또한 굳이 그를 잡지 않았다. 그들도 이미 그가 떠날 수밖에 없는 이유를 알고 있었기 때문이다. 하지만 그런 배려 속에서도 김문수는 여전히 어딘가 공허한 감정을 느꼈다. 친구들은 이제 자신만의 삶을 꾸리고 있었고, 그들은 더 이상 그가 선택한 길을 이해하지 못했다. 그 길은 전혀 다른 길이었다.

김문수는 그들을 원망하지 않았다. '그저 다른 길을 선택했을 뿐'이라고 생각했다.

김문수는 가난한 집안에서 자랐다. 시골에서 수재로 알려졌지만, 가족들은 그를 위해 많은 것을 희생했다. 형과 누나는 대학에 가지 못했고, 어머니는 마지막까지 그에게 "대학만은 꼭 졸업하라"는 유언을 남겼다. 그는 그 꿈을 이뤄야 한다는 책임감으로 학업에 집중해야 했으나, 대신 데모에 나섰고, 경찰서를 들락거렸다.

그런 자신에게 죄책감이 끊임없이 따라왔다. 자신의 선택이 과연 옳았는지 자주 되묻기도 했다. 하지만 그는 후회하지 않았다. 개인의 명예와 출세 대신, 그는 약자와 가난한 사람들이 공평하게 잘살 수 있는 세상을 만드는 데 기여하고자 했다.

그 신념이 그를 오늘의 길로 이끌었다.

그가 혼자 걸어온 길은 결단의 연속이었다. 그가 한 걸음 나아갈 때마다 분명히 다가오는 이들이 있음을 느끼며, 그는 힘을 얻었다. 그런 길 위에서 그는 결코 외롭지 않았다.

그의 인생에서 가장 큰 전환점은 설난영을 만났을 때였다. 설난영은 그의 삶에서 단순히 피난처 이상의 존재였다. 그녀는 김문수에게 또 다른 세상을 보여주었다. 그들은 함께 꿈을 나누었고, 그 꿈을 현실로 만들어가려 노력했다. 설난영과의 만남은 김문수에게 다시 한번 자신감을 불어넣었다. 그는 그 길을 가는 것이 옳다는 확신을 가질 수 있었다.

김문수는 더 이상 혼자가 아니었다. 그 길 위에서, 그는 그 길을 함께 걸어갈 사람들과 만났고, 그를 지지하는 수많은 사람들과 함께 세상을 변화시키기 위한 꿈을 키워갔다. 그가 선택한 길은 외로운 길이었지만, 그는 더 이상 고독하지 않았다.

경기도지사 당선 후 지지자들과 부인 설난영 여사가 함께 기뻐하고 있다.

딸, 사위, 손주, 온 가족 출동

02
길을 잃은 자들을 위한 싸움

김문수는 1980년대 초, 군부 정권의 서슬 퍼런 압박 속에서 그 길을 찾고 있었다. 그가 걷고 있는 길은 단순히 해고된 노동자들의 권리만을 위한 싸움이 아니었다. 그것은 그들이 다시 사회에서 인간으로서 존엄하게 살아갈 수 있도록 하려는, 길을 잃은 이들을 위한 싸움이었다. 해고자들이 국가의 손에 의해 블랙리스트에 오르며, 그들의 미래는 더욱 암담해졌고, 김문수는 그 안에서 벗어나려는 싸움을 시작했다.

해고자들의 절망은 깊었다. 그들은 한때 꿈꾸던 미래가 파괴된 듯한 기분이었다. 삶의 터전도, 일할 곳도, 존엄도 모두 잃어버린 그들은 길을 잃었다. 그러나 김문수는 절망에 빠지지 않았다. 그는, 자신도 길을 잃고 헤매고 있지만, 더 이상 혼자서 걸을 수 없음을 깨달았다. 그가 걸어야 할 길은 단 하나였다. 동료들과 함께 다시 일어설 길이었다.

그 길은 결코 평탄하지 않았다. 군부의 감시는 그를 끝없이 짓누르며, 해고 노동자들이 모임을 갖는 것조차 불가능한 상황이었다. 하지만 김문수는 그 억압을 뚫고 나갔다. 그는 비밀리에 모인 민주노조 간부들과 은밀히 대화하며, 그 길을 함께 가야 할 동지들을 찾아 나섰다. 그들의 만남은 단순히 저항의 시작이 아니었다. 그것은 죽어가는 노동운동의 마지막 숨결을 다시 불어넣는 순간이었다.

홍제동 성당에서 한국노동자복지협의회(한국노협)가 출범했다.

1984년 3월 10일, 서울 홍제동 성당. 그곳에서 해고 노동자들이 하나둘 모이기 시작했다. 김문수는 그곳에서 과거의 동지들과 마주하며, 그들의 절박한 표정을 읽었다. "더 이상 이대로는 안 된다"는 절박함과 "우리는 다시 일어설 수 있다"는 의지가 그들을 하나로 묶었다. 그날, 노동운동의 불씨가 다시 살아나기 시작했다.

'한국노동자복지협의회'의 창립은 그들이 다시 모여 길을 찾기 시작한 첫걸음이었다. 김문수는 그곳에서 부위원장으로 취임하며, 그들의 싸움이 멈추지 않도록 하겠다고 다짐했다. 그는 노동자들의 권리 회복을 위한 싸움이 시작되었음을 느꼈고, 그 싸움을 멈출 수 없다는 결의를 다졌다. 그 싸움은 단지 노동자들을 위한 것이 아니라, 길을 잃은 모든 이들을 위한 것이었다.

구로공단에서 시작된 노동조합 결성은 그 불씨가 꺼지지 않고 계속 타오르는 신호탄이었다. 김문수는 이 흐름을 지원하며, 해고자들이 다시 노동 현장으로 돌아갈 수 있도록 끝까지 싸웠다. 그가 선택한 길은 결코 평탄하지 않았고, 그 싸움은 언제나 끝이 보이지 않았다. 하지만 김문수는 그 길이 계속해서 나아가야 할 길임을 알았다.

03
아이를 위한 싸움,
삶을 위한 전환점

1980년대 중반, 설난영은 여러 갈래로 얽힌 삶의 굴레 속에서 벗어나기 위해 애쓰고 있었다. 그녀는 동주를 키우는 어머니였고, 동시에 노동운동에 몸담고 있는 여성 노동자였다. 하지만 현장과 가정을 동시에 책임지는 일은 너무나 버거운 일이었다.

어디에선가, 그녀의 마음속에서 '아이를 맡길 곳'을 만들겠다는 다짐이 움트고 있었다. 그 다짐은 단지 가정의 문제만이 아니었다. 사회의, 시대의 문제였다. 노동자가 일을 하며 아이를 키운다는 것은 그 당시로서는 상상할 수 없는 일이었다. 설난영은 자신이 노동운동의 일선에서 물러났지만, 그동안 동지들과 함께한 경험이 무의미하지 않다는 걸 알았다. 여성 노동자들의 절박한 상황을 눈앞에서 보며, 그들에게는 무엇보다 아이를 돌볼 수 있는 장소가 필요함을 절감했다.

그래서 그녀는 용기를 내어 이 아이디어를 실현하고자 했다.

그러나 현실은 냉정했다. 기부금은 쉽게 모을 수 없었고, 당장의 자금 문제는 쉽게 해결되지 않았다. 더욱이 아이를 맡긴다는 것에 대한 사람들의 반응은 부정적이었다.

탁아소라는 이름조차 낯설고, 심지어는 그것이 북한의 방식이라며 꺼려하는 사람들도 많았다. 그러나 설난영은 포기할 수 없었다. 그녀는 동주와 같은 또래의 아이를 가진 여성들과 함께 작은 모임을 만들고, 현실적인 해결책을 모색했다. 결국, 그들은 탁아소 운영 방식을 일주일에 하루만 아이를 맡기는 '주탁' 방식에서 매일 맡기는 '일탁' 방식으로 전환하며, 점차 자리를 잡아가기 시작했다.

김문수는 그 무렵 노동운동의 한 축을 맡고 있었고, 여성들이 일과 가정을 병행할 수 있도록 돕는 일이 그들에게 중요한 의미를 지닌다는 것을 잘 알고 있었다. 그래서 그는 설난영의 '탁아소 프로젝트'를 전폭적으로 지원하며, 그것을 실현시키는 데 힘을 보탰다. 김문수와 설난영은 광명시 철산동에 탁아소를 설계하고, 원장과 교사를 선발하여 작은 기적을 만들어갔다.

무엇보다 '주탁'을 '일탁'으로 바꾼 것이 주효했다. 이제 아이들은 매일 아침에 맡기고, 저녁에 데려가면 되었다. 그리고 그것이 전국적인 반향을 일으켰다. 철산동에 사는 운동권 출신 부부들은 이 방식을 환영하며 탁아소에 자녀를 맡기기 시작했다. 이것은 사회적 변화, 노동자의 삶의 질을 바꾸는 중요한 시작이었다.

탁아소는 이후 전국적인 물결을 일으켰다. 구로공단, 청계피복, 부평, 대전, 대구, 부산, 마산 등 주요 공업지역에도 탁아소가 설립되었고, 그것은 이제 더 이상 여성 노동자들의 개인적인 문제로 치부될 수 없었다. 아이를 맡길 곳이 생기면서, 일터와 가정에서 노동자들이 겪는 고충을 해결할 수 있는 중요한 기회가 열린 것이다.

그리고 그 싸움은 단지 '아이를 위한 싸움'이 아니라, '삶을 위한 전환점'이었다. 노동자들의 권리와 삶의 질을 바꾸는 중요한 기초가 된 이 작은 변화를 통해, 노동운동은 다시 한번 큰 전환점을 맞이하게 되었다.

사랑스러운 외동딸 동주와

04
한계 없는 결단, 민주화의 교차점에서

1985년, 당시의 노동 현장은 단순한 분노와 불만의 공간이 아니었다. 그것은 살아남기 위한 필사적인 싸움의 무대였고, 김문수는 그곳에서 변화의 씨앗을 심고 있었다. 구로공단의 대우 자동차 파업이 일으킨 파도는 전국을 휩쓸며, 노동자들의 목소리는 단순히 권리 요구를 넘어 사회와 정치의 근본적인 변화를 요구하는 흐름으로 변했다.

그의 손끝에서 시작된 조직의 필요성은 노동자들의 생존을 위한 투쟁을 넘어, 사회적 민주화를 향한 더 큰 싸움으로 이어졌다. 김문수는 그 싸움이 노동자의 권리를 넘어, 모든 인간의 자유와 평등을 위한 투쟁이 되어야 한다는 믿음을 가지고 있었다. '서노련', 서울노동운동연합의 창립은 그가 가진 결단의 결과였다. 그 결단은 노동운동을 그 어떤 정치적 제약도 넘어서, 민주화 운동의 핵심으로 자리매김하게 했다.

"노동자가 주인되는 사회 이루려"

김문수씨 증언

난 김씨는 근황을 묻는 기자의 질문에 "그동안의 '공백'을 메우기 위해 노동관계 모임에 전보다 더 열심히 참여하고 있다"고 답한다.

13일 연세대에서 열린 '전태일 정신계승과 노동악법 철폐 결의대회'에서도 김씨는 어느 누구보다 열심히 자신의 직분을 다하고 있었다.

그의 지칠줄 모르는 투쟁과 희생의 자세는 어디에서 연원하는 것일까. "노동자가 주인되는 사회를 이루자는 것입니다. 노동자가 이 사회의 주인이 된다는 것은 첫째 정치권력의 주인이 되는 것이고, 둘째는 생산수단의 주인이 되는 것을 의미합니다. 그런데, 문제는 노동자가 명실공히 정치권력의 주인이 되지 않고는

'노동운동의 전설' 시절의 김문수

그러나 그 싸움은 예고된 대로 결코 평탄하지 않았다. 김문수는 자신이 이끌던 조직이 정치적 압박과 탄압에 직면한 순간부터, 자신의 길이 얼마나 험난한지 깨달았다. 그가 외친 민주화와 노동자의 권리는 그저 먼 꿈처럼 느껴졌다. 집을 떠나야 했고, 사랑하는 사람들을 떠나야만 했다. 그러나 그가 선택한 길은 결코 돌아설 수 없는 길이었다.

김문수는 그와 함께 싸우는 이들이 노동자의 권리만을 외치는 것이 아니라, 민주주의를 향한 불굴의 의지를 다지고 있

다는 사실을 잘 알고 있었다. 그가 펼친 조직은 이제 국가권력과의 맞대면이었고, 민주화라는 대전환을 위한 전면적 투쟁이었다.

그리고 그의 이름은 노동운동을 넘어, 민주화의 중심에 선 상징이 되었다. 그가 만들어낸 변화의 불꽃은 시대를 살아가는 사람들의 희망이 되었으며, 김문수의 선택과 결단은 한계없는 민주화를 향한 새로운 교차점에서 빛을 발하게 되었다.

1988년 민가협 주최로 열린, 양심수 전원 석방 촉구 및
10·3 석방인사 환영대회에 나온 김문수

05
모든 것이 부서져도

　1986년 5월 6일, 서울 잠실의 평범한 아파트 단지. 바깥은 한여름의 더위 속에서도 조용한 저녁을 맞이하고 있었다. 그러나 그날 밤, 이곳은 완전히 다른 현실로 변했다. 사복 차림의 경찰들과 군부대 요원들이 아파트를 에워싸며, 그들의 긴박한 움직임이 불길한 기운을 자아냈다. 단순한 범죄 소탕 작전이 아니었다. 그들이 향한 목표는 김문수, 그리고 그가 소속된 서노련의 중심이었다.

　김문수는 그 순간, 이 모든 일이 일어나리라 예감했다. 수많은 감시와 위협 속에서 살아왔기에, 본능적으로 알아챘다. 그는 몸을 숨기기로 결심했다.
　베란다로 향해 탈출을 시도했지만, 그의 탈출은 한순간에 막혔다. 옥상에서 기다리고 있던 수십 명의 요원들에게 붙잡혔고, 그가 맞이한 것은 맹렬한 폭력이었다. 비록 그는 온몸으로 저항하려 했지만, 끝내 쇠사슬처럼 조여오는 고통을 참지 못하고 의식을 잃고 말았다.

그 전날, 인천에서 일어난 대규모 시위가 시작된 후, 김문수와 그의 동료들은 언제 닥칠지 모를 전두환 정권의 탄압을 피하며 살아야 했다. 서노련 결성 이후, 김문수는 하루하루를 점점 더 불안 속에서 보내고 있었다. 가족들과의 만남도 사라졌고, 아내 설난영은 그의 부재 속에서 혼자서 집을 지키며 동주를 돌봐야 했다. 그는 가끔 후배를 통해, 숨겨진 약속 장소에서 몰래 가족을 만났다. 그러나 그들도 언제든지 위험에 처할 수 있다는 사실을 알고 있었다.

1986년 5월, 김문수는 결국 경찰에 붙잡히고 말았다. 그의 구속은 서노련의 핵심 인물들이 하나둘 체포되면서 시작되었다. 경찰은 그를 포함한 모든 지도자들을 철저히 검거했고, 그가 끌려간 곳은 보안사였다.

그곳에서 김문수는 인간의 한계를 시험하는 고문을 당했다. 전기고문, 고춧가루 물 먹이기, 몽둥이 찜질 등 그가 견뎌야 했던 고통은 끝을 알 수 없었다. 그러나 고문이 잔인할수록, 그는 더욱 침묵을 지켰다. 고문은 점차 그를 무너뜨리려 했지만, 그의 내면은 부서지지 않았다.

김문수는 고문 속에서도, 그를 괴롭히는 자들을 원망하지 않기로 결심했다. 그들 역시 고문을 당하며 인간성을 상실해 가고 있었기 때문이다.

그는 몸과 마음이 짓눌리고 부서져 가는 동안, 더욱 강해졌다. 고통 속에서 그는 자신이 살아있다는 사실에 신기할 정도로 놀라움을 느꼈다. 그는 어쩌면 지금까지 살아온 모든 순간이, 이 순간을 위한 것이었음을 깨닫고 있었다.

그가 선택한 길은 이제 그 무엇보다도 확고한 것이 되었다. 고문을 견디고, 그 속에서 살아남는 것은 민주화의 싸움을 계속해 나가야겠다는 의지였다. 모든 것이 부서져도, 그는 결코 이 싸움을 멈추지 않을 것이다.

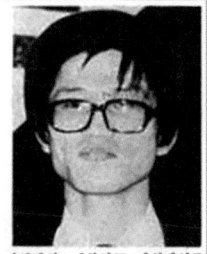

"노동자 정치투쟁 앞장 보람"
고문 후유증 오른팔 잘 못써

'서노련사건'으로 투옥, 가석방된 김문수씨

06
그리움 속의 빈자리

　설난영은 늘 그렇듯 서점의 문을 열고, 책들의 순서를 맞추고 있었다. 어린 동주를 탁아소에 맡기고 하루의 시작을 맞이할 때, 그녀는 오랜만에 그와 마주할 기회를 꿈꾸었지만, 이번만큼은 그리움이 가득한 마음을 눌러야만 했다. 두 달이 넘도록 김문수의 얼굴을 본 적이 없었고, 그리움이 점점 불안감으로 바뀌어 가고 있었다.

　어느 날, 익숙한 얼굴이 서점 문을 열고 들어왔다. 남편의 후배였다. 그의 얼굴에는 예전의 밝은 표정 대신 어두운 그림자가 드리워져 있었다.
　"형수님, 이상해요. 요 며칠 형님과 연락이 안 돼요. 혹시 뭐 들으신 거 없으세요?"
　후배의 말에 설난영은 순간 불안함을 느꼈다. 그러나 '별일 없겠지'라고 애써 마음을 다잡았다.

그 후, 예상치 못한 전화가 그녀를 더욱 흔들었다. 남편과 함께 서노련 활동을 하던 유시주의 언니 유시춘의 전화였다. 동생과 연락이 끊긴 채여서 아무래도 연행된 것 같다는 얘기였다. 얘기를 듣는 순간 두려움에 몸이 떨려왔다.

다음날 서노련 가족들이 기독교 회관에 모여들었고, 상황이 더 심각해지기 시작했다. 5·3 인천 사태 이후 서노련뿐만 아니라 많은 운동권 인사들이 연행되고 구속되었기에, 이 상황은 이미 예상했던 일이었다. 하지만 김문수의 행방은 여전히 오리무중이었다. 경찰에 연행됐는지, 아니면 보안사에 끌려갔는지, 아무런 정보도 없었다.

수소문 끝에 그들이 알아낸 곳은 송파 보안사였다. 그곳은 아무런 영장 없이 민간인을 연행하고 고문을 가할 수 있는 군 수사기관이었다. 가족들은 보안사 앞에서 절박한 마음으로 울부짖었다.

"우리 가족을 내놔라!"
"살았는지 죽었는지 얼굴이라도 보여 달라!"
"왜 민간인을 군 보안사에 연행했느냐!"

그들의 절규는 송파 보안사 앞에서 메아리쳤고, 그것이 그들에게 희망의 불씨가 되기를 바랐다. 그러나 그들이 그토록 찾아 헤매던 김문수는 이미 보안사에서 사라졌고, 다른 곳으로 이첩되었음이 전해졌다.

결국 김문수는 성동경찰서로 이첩되었고, 설난영은 다시 그곳으로 향했다. 경찰서 측은 면회를 허락하지 않았고, 또 한 번의 실랑이가 벌어졌다. 설난영은 물러설 수 없었다. 남편을 확인해야만 돌아설 수 있었다. 결국 애원 끝에 면회가 허락되었고, 간신히 그를 만날 수 있었다.

김문수의 모습은 전혀 예전 같지 않았다. 얼굴은 부풀어 있었고, 검붉은 멍 자국이 선명했다. 그가 말없이 런닝셔츠를 들추며 배 주위에 남아있는 전기고문 자국을 보여주었다. 설난영은 그 모습을 보고 마음이 아팠지만, 그가 살아있다는 사실만으로도 다행이라고 생각했다.

"언제 잡혀갔어요? 몸은 괜찮아요?"
"…."
김문수는 고문을 당한 후유증으로 제대로 말을 할 수 없었다. 설난영은 그가 살아 있다는 사실에 감사하며, 그를 안심시키려 애썼다.

서노련 신문

발행인·편집인 : 민종덕
발행처 : 서울노동운동연합
창간호 1985년 9월 7일

서울노동운동연합 탄생!!
서울노련! 민주화투쟁의 힘찬 전진을!!

홍기일열사, 독재에 분신항거

을지훈련 직후의 농부의 죽음

아, 농민아, 우리 형제여!

그 후, 설난영과 서노련의 가족들은 기독교 회관에서 농성을 계속하며, 구속자들의 석방을 요구했다. 그들은 '구속 노동자 소식지'를 발행해 5공 정권의 폭력성을 규탄하고, 서노련 사건을 세상에 알리기 시작했다.

김문수는 성동경찰서에서 이틀 만에 서울 구치소로 이첩되었고, 국가보안법 위반으로 4년 형을 선고받았다. 항소와 상고를 거쳐 3년 형이 확정되었고, 그는 안양, 목포, 광주 등 전국의 교도소를 전전하며 길고 고통스러운 감옥 생활을 시작했다. 설난영은 남편을 다시 만날 날을 기다리며, 그가 겪은 고통을 마음에 새기고, 한 사람의 삶이 어떻게 국가의 폭력에 짓밟힐 수 있는지를 온몸으로 느꼈다.

서노련의 사건은 사회에 큰 충격을 주었고, 그들의 투쟁은 절망 속에서 살아남기 위한 처절한 싸움이었다.

07
구치소의 그늘에서

1986년 6월 초, 김문수는 서울 구치소로 이송되었다. 송파 보안사에 끌려간 지 정확히 한 달이 지난 후였다. 그가 겪은 고문과 구타는 이미 그의 육체와 정신을 피폐하게 만들었고, 구치소에 도착했을 때는 그저 살아 있다는 사실만으로도 기적처럼 느껴졌다. 그러나 그곳에서 기다리고 있었던 것은 또 다른 고통이었다. 그의 몸은 더 이상 그의 것이 아니었고, 그를 대하는 모든 것이 잔인하게 느껴졌다.

'검신'이라 불리는 신체검사는 상상을 초월하는 모욕이었다. 그들은 김문수를 발가벗기고, 그의 몸을 철저하게 수색했다. 겨드랑이에서 발바닥까지, 심지어 항문까지, 그의 모든 구석을 손끝으로 더듬어가며 검사를 진행했다. 사람의 존엄을 짓밟는 순간이었다. 김문수는 더 이상 인간이 아닌, 그저 '번호'로 존재했다. 1125번. 그 번호는 그가 겪어야 할 비인간적인 대우를 나타내는 상징이 되었다.

그의 생활은 독방으로 시작되었다. 좁고 어두운 그곳에서 그는 점점 더 갇혀 갔다. 바깥세상과 완전히 단절된 공간에서, 그는 인간으로서의 정체성을 잃어갔다. 그가 가장 끔찍했던 순간은 '뺑끼통'이라 불리는 둥근 통에 대소변을 봐야 했던 때였다. 냄새는 그를 조여왔고, 그곳에서 그는 일상을 버텨야 했다.

그리고 어느 날, 아침 세면대 앞에서 보안과장을 비롯한 10여 명의 교도관들이 그를 무작정 끌고 갔다. 그곳은 서울구치소의 지하실, '먹방'이라 불리는 곳이었다. 빛 한 줄기도 없었고, 숨조차 제대로 쉴 수 없었다. 김문수는 포승에 묶인 채로 좁은 공간에 갇혔고, 그곳에선 밥을 먹는 일조차도 극한의 고통이었다. 그는 밥그릇에 얼굴을 처박고 음식을 먹어야 했고, 이 과정에서 그는 자신의 존엄을 다시 한번 잃었다.

그의 시간은 계속해서 고문과 굶주림, 극도의 고통 속에서 흘러갔다. 이후 안양교도소의 특별사로 옮겨졌지만, 그곳에서도 그는 마찬가지로 철저히 고립되었다. 공기가 통하지 않는 좁은 공간에서 숨이 막히고, 몸은 무거워졌다. 그의 존재는 점점 사라져 가는 듯했다.

'이대로는 살 수 없다'는 생각에 그는 죽음을 고민했다. 벽에 머리를 부딪히기도 했지만, 벽은 너무 단단했다. 다시금 절망에 빠졌고, 더 이상 이 세상에서 살 이유를 찾을 수 없었다. 그러나 그 순간, 그는 기도를 시작했다.

"어머니, 하느님, 저를 지켜주세요. 그리고 저들을 용서할 수 있게 해주세요."

그가 처한 상황은 더욱 가혹해졌고, 그의 고통은 계속되었다. 그럼에도 불구하고 인간으로서의 존엄을 지키기 위해서, 그는 구치소의 그늘에서도 끊임없이 싸워야 했다.

1970년대 초 서울구치소 모습

08
창살 너머, 아빠의 손

김문수는 차가운 철창 앞에서 떨리는 손을 내밀었다. 하지만 그 손이 닿을 수 없는 거리라는 걸 깨닫는 데는 오랜 시간이 필요하지 않았다. 딸 동주가 유리창 너머에서 작은 손을 흔들었다. 그 순간, 세상의 모든 소음이 사라지고 오직 동주의 목소리만이 그의 귓가에 울렸다.

"아빠!"

아버지를 부르는 딸의 목소리는 맑았고, 천진했다. 감옥이라는 현실도, 철창이라는 벽도, 그 작은 목소리를 막을 수는 없었다. 김문수는 아득해졌다. 시간이 이렇게 흘렀다. 그는 아버지라는 이름을 지녔지만, 아버지로서 해준 것이 없었다. 동주는 그를 보고 웃었지만, 그는 웃을 수가 없었다.

"동주야, 이거 받아."

김문수는 주머니에서 조심스럽게 작은 장난감 자동차를 꺼
냈다. 수감자들이 받는 과자봉지에서 나온 빨간색 플라스틱
자동차였다. 그가 가질 수 있는 유일한 물건이었다. 이 작은
장난감 하나라도 딸에게 줄 수 있다면, 그것이 자신의 존재
증명이 될 것만 같았다.

동주의 손이 유리창을 타고 내려갔다. 그 손을 감싸고 싶었다.
온기를 느끼고 싶었다. 하지만 세상은 아버지와 딸 사이에 차
가운 벽을 놓아두었다.

"아빠, 나 이제 글도 읽을 수 있어."

동주의 자랑스러운 목소리에 김문수는 순간 아무 말도 할
수 없었다. 그토록 바라던 순간이었는데, 그는 그 자리에 없
었다. 딸이 자라나는 모습을 함께하지 못했다. 그의 부재 속
에서도 동주는 혼자서 배우고, 혼자서 성장하고 있었다.

짧은 만남이 끝났다. 교도소 안팎의 세상은 여전히 철창으
로 나뉘어 있었고, 김문수는 다시 그 차가운 공간에 홀로 남겨
졌다. 딸 동주는 유리창 너머에서 마지막으로 손을 흔들었다.
작은 손짓 하나가 그의 심장을 쥐어뜯었다.

그 순간, 시간이 멈춘 듯했다. 딸의 얼굴을 더 오래 새겨두

려 애썼지만, 면회실 문이 닫히는 소리가 그의 현실을 강제로 끌어당겼다. 이제 아내와 딸은 돌아서야 했고, 그는 남아야 했다.

 창살 너머로 걸어가는 딸의 뒷모습을 보았다. 저 작은 어깨가, 저 가느다란 다리가 얼마나 먼 길을 걸어왔을까. 아버지를 보기 위해 낯선 비행기에 몸을 싣고, 흔들리는 차를 타고, 낯선 사람들에게 둘러싸여 교도소 안으로 들어왔을 그 길. 그 길을 걸으며 딸은 무슨 생각을 했을까?
 아, 또 아내는 그런 딸아이를 데리고 오면서 얼마나 서글펐을까. 미안함과 고마움으로 가슴이 미어졌다. 몸은 갇혔지만, 가슴속 그리움은 세상의 끝까지 퍼져나가는 것 같았다. 그날 밤, 김문수는 아내와 동주에게 편지를 썼다.

대학서점 설난영 앞으로

오늘 오전에 당신이 접견 와서 유리창 너머로 동주를 잠깐 보고 왔습니다. 동주가 너무 빠르게 자라는 모습을 보며, 저는 저 자신이 무엇이며, 어떻게 변해가고 있는지에 대해 깊이 생각하게 됩니다. 동주가 저를 어떻게 기억할지, 아버지라는 존재가 그에게 무엇을 의미할지에 대해 많이 고민했습니다. 하지만 아무리 깊이 생각해도, 그 실현을 위한 길은 너무나 멀고도 험한 것 같습니다. 그리고 지금처럼 갇힌 몸으로는, 그런 꿈조차 이루기 힘들다는 생각이 듭니다.

그러나 그렇게 생각하다 보면, 그 무엇이 장애인지, 그저 조건일 뿐인 것인지도 구분하기 힘들어집니다. 그럼에도 불구하고, 마음은 여전히 무겁습니다. 어쩌면 제가 그동안 그런 것들에 별로 얽매이지 않았기 때문일지도 모르겠네요. 그런 마음이 짐처럼 느껴지는 이유가 무엇일까요?

86. 9. 22

가정을 지키지 못했다는 미안함과 스스로를 향한 자책이 오랜 시간 그의 마음을 짓눌렀다. 세상은 여전히 바쁘게 돌아가고 있었지만, 그의 시간은 차가운 벽 안에서 멈춘 듯했다.

'과연 나는 아버지로서 동주에게 무엇을 해줄 수 있을까?'

이 조그마한 아이에게, 나는 어떤 사랑을 남길 수 있을까?'

그 질문은 밤이 깊어질수록 더욱 선명해졌다. 아무리 답을 찾으려 해도, 손에 닿지 않는 현실 앞에서 막막하기만 했다.

그러나 시간이 흐르고, 그는 깨달았다. 비록 손을 잡아줄 순 없지만, 따뜻한 말을 건넬 수는 있었다. 직접 안아줄 순 없지만, 마음을 전할 수는 있었다.

그래서 그는 마침내 동주에게 첫 번째 편지를 쓰기로 했다. 작은 손으로 펼칠 그 한 장의 종이가, 자신과 딸을 이어줄 단단한 다리가 되기를 바라며.

동주에게

아빠는 처음으로 동주에게 편지를 쓴다. 사실 아빠는 동주가 편지를 읽을 수 있을 거라곤 생각지도 못했다. 아빠가 바보라서 그런 것이 아니라, 그동안 너무 오래 떨어져 있었기 때문에 동주가 이렇게 많이 자란 줄 몰랐던 거야. 동주가 글도 읽고 쓸 줄 알게 되어서 아빠는 얼마나 기쁜지 몰라.

그동안 편지를 못 쓴 것이 정말 미안하다. 동주가 이 아빠를 잘 봐줘서 고맙다. 아빠는 지금도 동주 사진 4장을 책상 위에 놓고 보고 있다. 서점에서 찍은 사진 두 장, 그리고 올해 봄, 진달래가 피었던 길가에서 찍은 사진도 있다. 지금은 춥지만 곧 봄이 올 거야. 그때쯤이면 아빠도 공부를 마치고 동주에게로 갈 거야.

동주 엄마, 탁아소 선생님, 친구들, 이모들한테도 아빠 소식 전해줘.

그리고 동주야, 튼튼하게 잘 자라. 안녕!

1987. 11. 26. 아빠가

세상은 빠르게 변했지만, 김문수의 가정에는 여전히 봄이 오지 않은 듯했다. 그리움과 미안함은 시간이 지나도 사라지지 않았다. 그럼에도 그의 희망은 살아 있었고, 몸은 갇혀 있지만 마음은 항상 가족과 함께였다. 비록 손에 닿지 않더라도, 그의 사랑은 멀어지지 않았고, 그 사랑만으로도 살아가고 있었다. 언젠가 다시 만날 날을 기약하며, 그의 마음속 봄은 그리움 속에서 더욱 깊어졌다.

이제는 어엿한 엄마가 된 동주와 손주

09
자유의 불꽃,
감옥 안에서 타오르다

김문수는 6평 남짓한 감방에서 온몸으로 역사의 흐름을 느끼고 있었다. 창살 사이로 들어오는 바람에도, 면회실에서 마주한 아내의 눈빛에도, 그리고 가끔 허락된 신문 속 작은 활자에도, 거대한 변화의 기운이 담겨 있었다. 그러나 그는 그 흐름에 발을 담글 수 없었다.

1987년 6월, 거리마다 터져 나오는 함성 소리는 교도소 안까지 희미하게 울려 퍼졌다. 신문을 펼칠 때마다 그는 현실을 직시했다. 바깥세상은 뜨겁게 움직이고 있었다. 그러나 감옥 안은 여전히 차갑고, 고요했다. 그 차이가 그를 더 숨 막히게 했다.

그는 늘 싸워왔다. 그를 이곳에 가둔 것도, 결국은 그의 신념 때문이었다. 그러나 아이러니하게도, 가장 중요한 순간에 그는 감옥 안에 있었다. '지금 저곳에 있어야 하는데….' 그런 생각이 들 때마다 손을 움켜쥐었지만, 그의 손은 더는 세상을 바꿀 수 없었다.

면회실에 앉아 아내가 건넨 스크랩북을 넘겼다. 손때 묻은 신문 조각들. 아내는 남편이 바깥세상의 온기를 조금이라도 느낄 수 있도록 정성껏 스크랩해 왔다. 김문수는 한 장 한 장 넘길 때마다 묘한 감정에 휩싸였다.

세상은 변하고 있었다. 그런데 그는 여기에 있었다.
바깥세상이 격변할수록, 그는 어쩌면 멀어지고 있었다. 처음엔 분노했고, 다음엔 절망했다. 그러나 시간이 지나면서 그는 한 가지 깨달았다. 자신이 있어야 할 곳은 반드시 거리 위만이 아니었다. 철창 안에서라도, 그는 여전히 누군가에게 힘이 될 수 있었다.

그날도 감옥의 좁은 운동장을 걷고 있을 때였다. 한 수감자가 구석에서 몸을 웅크리고 있었다. 김문수는 그를 알아보았다. 광주에서 투쟁하다가 잡혀 온 송종환이었다.
그는 눈빛이 꺼진 사람처럼 보였다. 밥도 제대로 먹지 못하는 듯 야위어 있었고, 매일같이 웅크린 채 시간만 보냈다.

김문수는 그에게 다가갔다. 묻지도 않고, 이유도 따지지 않았다. 그저 곁에 앉아 함께 침묵했다. 그리고 다음날, 송종환의 빨래를 대신했다. 며칠 뒤엔 식사 시간에 몰래 젓갈을 건넸다.

"먹어, 기운 차려야지."

그 작은 행동이 송종환의 마음을 움직였을까. 그는 조금씩 기운을 차리기 시작했다.

김문수는 자신이 할 수 있는 방식으로 또 하나의 싸움을 이어가고 있었다.

철창은 그의 몸을 가뒀지만, 그의 마음까지 가둘 수는 없었다. 비록 거리에서 목소리를 낼 수는 없어도, 그는 이 안에서 여전히 싸우고, 돕고, 살아가고 있었다.

그리고 언젠가, 이 문이 열릴 날이 오리라는 것을 그는 믿고 있었다.

김문수는 이후 출옥하여 여러 가지 나라를 위한 일에 동참하게 된다. 국회의원, 경기도지사, 경제사회노동위원회 위원장, 노동부 장관 등 굵직굵직한 직책을 맡으며 대한민국의 발전을 위해 헌신했다. 그의 정치적 경로는 민주화와 노동자 권리 향상을 위한 노력으로 이어졌고, 특히 노동자들의 권리를 옹호

하고, 사회적 약자를 위한 정책을 펼쳐 많은 이들에게 존경받는 인물로 자리매김 했다.

그는 여기서 그치지 않는다. 과거 '운동권 황태자'라는 명성을 뒤로하고, 점차 '강성 보수의 리더'로 변모하며 대권주자 1위로 급부상했다. 그의 대선 출마 가능성이 점쳐지며 '김문수 대세론'까지 일어나고 있다. 이는 단지 그의 정치적 입지만을 의미하는 것이 아니라, 변화하는 시대의 요구와 그가 펼친 정치적 노선에 대한 깊은 신뢰를 나타내는 현상이다.

그의 정치적 여정과 사회적 기여를 고려했을 때, 김문수는 대한민국의 미래를 이끌 적임자임이 분명하다. 민주주의와 경제 발전을 향한 그의 헌신은 누구보다 강력하며, 지금 이 시점에서 그의 리더십은 더욱 절실하다.

김문수는 단지 정치적 경험과 능력뿐만 아니라, 국민을 위한 진정성 있는 열정을 가지고 있다. 그는 과거의 어려운 시기를 이겨내고, 이제는 국가의 미래를 책임질 강력한 지도자로 자리 잡을 것이다. 김문수는 대한민국을 이끌어 나갈 대통령으로서의 자질을 충분히 갖추고 있으며, 그의 리더십이 대한민국을 더 나은 미래로 이끌 것이라 믿는다.

헌법수호와 자유

난세의 영웅
문수

부록
각자의 자리에서 묵묵히 책임을 다하는 사람들

01 새로운 미래, 진실을 밝히는 힘
　　- 고영주(자유민주당 대표, 변호사)
02 대한민국이 흔들릴 때, 누가 싸우는가
03 불의에 맞선 두 사람, 김진홍과 김문수
04 약손의 기적, 유도열 가주 한의사협회회장
05 거북이의 철학, 이도훈 대전 이엘치과원장
06 건설 현장의 절규, 누가 이들의 편이 되어줄 것인가

Epilogue

김문수, 대선 출마 선언

01
새로운 미래,
진실을 밝히는 힘

고영주 | 자유민주당 대표, 변호사

　2022년 10월 12일, 김문수 경제사회노동위원회 위원장은 국정감사장에서 "문재인 전 대통령은 김일성주의자"라고 발언한 바 있다. 불편한 진실을 외면하던 사회에 직격탄을 날린 순간이었다. 그의 발언은 단지 개인의 주장이 아니라, 자유민주주의 수호를 위한 문제 제기이자, 용기 있는 행보였다.

　문재인 전 대통령은 공공연히 "신영복 선생을 가장 존경한다"라고 밝히곤 했다. 신영복은 통일혁명당 간부로 활동하며 북한의 김일성 주체사상을 추종했던 인물이다. 이런 자를 존경한다는 것은, 문 전 대통령의 정치적 성향과 철학을 가늠할 충분한 근거가 된다.

　나 역시 2013년 1월, 애국단체 신년하례식에서 "문재인은 공산주의자"라고 발언한 바 있다. 이는 헌법과 자유민주주의 체제를 지키기 위한 나의 굳은 신념에서 나온 말이었다. 당시 이를 둘러싸고 법적 공방까지 벌어졌지만, 결국 대법원은 이를 '공적 인물에 대한 의견 표명의 자유'로 인정하고 내게 무죄를 선고했다. 김문수 장관의 발언도 같은 맥락에서 이해해야 한다.

2018년 8월 23일, 김문수 장관 페이스북

그의 용기 있는 발언 이후 많은 국민이 지지 의사를 밝혔고,

정치권 개혁을 요구하는 목소리도 커졌다. '5류 정치' 청산과 국회의 특권 폐지는 더 이상 미룰 수 없는 과제다. 정치인들이 기득권을 유지하며 국민의 목소리를 반영하지 않는 한, 근본적인 변화를 맞이할 수 없다. 무엇보다 국민을 위한 진정한 봉사자로 거듭나야 하며, 특권 철폐, 세비 절반 국고 반납, 보좌관 수 축소 등의 실질적 개혁이 필요하다. 이러한 변화가 바로 대한민국의 미래를 위한 밑거름이 될 것이다.

최근 여론조사에서 김문수 장관이 여당 대권주자 1위로 거론되는 것은, 그의 철학과 정책이 국민에게 신뢰받고 있다는 방증이다. 인기 정치인이 아닌, 실질적 해결책을 제시하는 지도자로 평가받고 있는 것이다. 그의 용기와 결단력은 대한민국의 밝은 미래를 위한 중요한 자질임이 분명하다.

오늘날 자유민주주의 체제는 위기에 직면해 있다. 지키려는 노력이 없다면 무너지는 것은 순식간이다. 김문수 장관은 두려움 없이 진실을 말하며, 대한민국의 미래를 위해 행동하는 인물이다. 그의 리더십은 정치적 논쟁을 넘어, 우리가 나아가야 할 방향을 제시한다.

앞으로도 김문수 장관이 진실과 정의의 길을 걸으며 더 많은 국민에게 희망과 비전을 전해주기를 진심으로 기대한다. 그의 결단과 신념이 대한민국의 자유와 번영을 지켜낼 것이다.

02
대한민국이 흔들릴 때, 누가 싸우는가

대한민국의 자유민주주의와 법치를 지키기 위한 자유민주당의 행보가 거침없다. 그 중심에는 고영주 변호사가 있다. 그는 서울남부지검장을 지낸 법조인이자, 통합진보당 해산심판을 주도한 인물로서, 원칙과 법리에 기반한 '강직한 우파'의 상징이다.

2024년 1월, 고영주 대표는 문재인 전 대통령을 국가보안법 위반 혐의로 고발했다. 북한 김정은에게 USB를 건넨 행위가 국가기밀 누설에 해당하며, 이는 법적으로 사형이나 무기징역까지 가능한 중대한 범죄라는 판단이다. 이 고발에는 공권력감시센터, 바른사회시민회의 등 시민단체 대표들도 뜻을 함께하며, 엄정 수사를 촉구했다.

통일부도 해당 USB가 "국가안보 이익을 침해할 수 있다"고 공식 확인한 바 있다. 실제로 대법원 판례에 따르면 군사

기밀 외에도 사회·정치·경제 기밀도 간첩죄에 해당될 수 있어, 이 고발은 법적으로도 설득력을 갖는다.

하지만 문제는 이것만이 아니다. 고영주 대표와 시민사회는 더불어민주당 자체가 헌법에 위배되는 정당이라며, 정당해산심판 청구를 요구하고 있다. 2024년 6월, 58개 시민사회단체가 '위헌 정당 진보당·더불어민주당 해산 국민운동본부'를 출범시키며 본격적인 국민운동에 나섰다.

58개 시민사회단체가 모여 위헌 정당 진보당·더불어민주당 해산을 외치고 있다.
(사진 : 자유민주당 제공)

고 대표는 더불어민주당의 위헌적 행태 16가지를 발표하며, 이들이 '자유민주적 기본질서'를 정면으로 위배하고 있다고 지적했다. 그중엔 사법권 침해, 행정부 견제권 남용, 대통령

권한 제약 시도 등 권력분립의 근간을 흔드는 사례들이 포함돼 있다. 이는 단순한 정치적 비판이 아니라 헌법 가치 수호를 위한 법적, 정치적 투쟁으로 해석된다.

더 나아가, 2025년 1월 서부지법의 집단 구속영장 발부에 대해서도 강하게 반발하고 나섰다. 20~30대 청년들과 일반 시민 58명을 '묻지 마 구속'한 것은 군사정권조차 능가하는 횡포라는 것이다. 과거 민노총 폭력 시위에선 수십 대의 경찰 버스를 파손하고도 구속자는 20명에 불과했으나, 이번에는 단순 충돌과 경미한 기물 파손에도 대규모 구속이 이루어졌다.

자유민주당은 이러한 이중잣대에 대해 "법원이 스스로 이해당사자인 사건의 영장을 발부한 것은 명백한 불법"이라며, 영장심사를 제3의 법원으로 넘길 것을 촉구했다. 이는 사법부가 정치화되고 있다는 우려에서 비롯된 것이다.

고영주 대표는 기회 있을 때마다 "대한민국을 지키기 위해 최선을 다하겠다"고 강조한다. 그는 윤석열 대통령의 계엄령 선포 역시 '신의 한 수'였다고 평가하며, 혼란 속에서 자유민주주의를 지키기 위한 결단이었다고 본다. 그의 발언은 극단적으로 들릴 수 있으나, 위기의식을 느끼는 상당수 국민들에게는 위로와 지지로 작용한다.

고영주 대표의 광화문 집회(사진 : 자유민주당 제공)

지금 대한민국은 자유민주주의의 본질을 다시 되돌아봐야 할 시점이다. 법치와 정의, 그리고 국가의 정체성을 지키는 싸움은 정치가 아니라 국가의 존망이 걸린 문제다. 고영주 대표와 자유민주당은 이 싸움의 선봉에서, 단호히 그리고 끈질기게 싸우고 있다.

03
불의에 맞선 두 사람,
김진홍과 김문수

세상은 늘 선택의 순간에 놓여 있다. 때로는 그 선택이 나라의 운명을 바꾸고, 때로는 혹독한 대가를 요구하기도 한다. 하지만 누군가는 그 길을 먼저 걸어야만 한다. 김진홍 목사와 김문수 장관이 그런 선택을 해온 대표적인 인물이다.

김진홍 목사는 오랜 세월 한국 사회를 지켜보며 행동해온 인물이다. 1970년대 청계천 활빈교회를 세우고 빈민운동을 이끌었으며, 유신정권에 맞서 싸우다 옥고를 치렀다.
그의 삶은 불의에 타협하지 않는 투쟁의 연속이었다.
최근에도 그는 국가적 논란이 된 계엄령과 탄핵 문제에 대해 단호한 입장을 밝혔다.
"계엄령의 본질은 부정선거다. 부정선거 조사가 먼저이지, 탄핵으로 나라의 기틀을 흔들어선 안 된다."
사람들은 각기 다른 입장에서 계엄령을 비판하거나 옹호했지만, 김 목사는 핵심을 정확히 짚어냈다. 선거 부정이라는 근본적 문제를 해결하지 않고서는 대한민국의 미래도 없다는 것이다.

2020년 2월, 김진홍 목사가 자유통일당을 찾아 당시 김문수 당대표와 대화하고 있다.

그의 신념은 김문수 장관을 향한 확신으로도 이어졌다. 김 목사는 김문수를 두고 첫째, '정직'하고 '깨끗'하며 '국가관이 투철'한 인물이라고 평가했다. 노동운동가로 출발해 정치 개혁을 외쳤던 김문수는 좌파 운동권에서 보수로 전향한 독특한 이력을 가졌다. 이 경험 덕분에 그는 좌익 세력의 본질을 누구보다 깊이 이해하고 있었다.

"나는 김문수하고 참 친합니다. 경기도지사 선거 때 내가 후원회 회장이었어요. 17억 정도 후원금을 모았는데, 선거 후 11억이 남았어요. 그래서 내가 '고생한 사람들 모아 파티라도 하자'고 했죠. 그런데 김문수는 단칼에 잘랐습니다. 그러고는 '공금인데 개인적으로 쓰면 안 된다'며 중앙당에 전액 기부해 버렸지요. 그걸 보고 정말 정직한 사람이구나 싶었어요."

김문수 장관의 역사 인식과 국가관에 대해서도 높이 평가했다.
"김문수는 좌파 출신이기에 노동운동과 노조 판을 너무나 잘 압니다. 그 집안 자체가 노동위원장 출신들이에요. 그래서 민주노총이 어떻게 움직이고, 우리나라의 노동계가 어떻게 돌아가는지를 몸으로 익힌 사람이죠. 좌익 공산주의, 국내 간첩, 좌익 세력에 대해서도 손바닥 들여다보듯이 꿰뚫고 있어요. 그러니 어떤 처방을 내려야 하는지, 누구보다 잘 알고 있는 사람이 김문수죠."

김진홍 목사는 대한민국을 위해 원칙과 소신을 가진 지도자가 필요하다며, 김문수를 첫 번째 차세대 지도자로 꼽으며, 대한민국의 미래를 주도할 인물이라고 확신했다.

역사는 늘 먼저 걸어간 이에 의해 만들어진다. 그 길이 쉽지 않음을 알면서도, 누군가는 걸어야 한다. 김진홍 목사는 오늘도 그 길을 가는 김문수에게 변함없는 신념과 지지를 보내고 있다.

04
약손의 기적,
유도열 가주 한의사협회회장

 미국 캘리포니아에서 한의원 '신농한의원'을 운영하며 30여 년을 한의사로 살아온 유도열 원장. 그는 지난 10여 년 동안 각종 스포츠 현장에서 수많은 선수들의 부상 치료를 도맡아 왔다. 하지만 그중 다수의 활동은, 명예도 보수도 없는 순수한 자원봉사였다. 단 한 푼의 수고비 없이 일해 온 날들이 대부분이었지만, 그는 이를 두고 '감사'와 '보람'이라는 말로 되갚는다.

 "엽전 구멍보다 환자가 더 크게 보였다"고 그는 말한다. 어쩌면 이 짧은 한 문장이 그를 가장 잘 설명해주는 표현일 것이다. 금전적 이득보다도, 눈앞의 환자와 그 고통을 먼저 본 사람. 가주(캘리포니아) 한의사협회회장을 역임한 유도열 원장이다.
 1995년 축구선수 우희용 씨의 치료를 계기로 시작된 그의 스포츠 의무 활동은 LA탁구협회, 미주 마라톤팀, 재미산악회 등 한인사회 전반으로 뻗어 나갔다. 그는 각종 체육 행사에서 의무팀을 꾸렸고, 경기장의 날씨와 땀의 염도까지도 치료의 일부로 삼았다. 주치의를 맡았던 마라토너 이봉주 선수의 회복 또한, 그의 세심한 배려의 결과였다.

'신농한의원' 유도열 원장

한의학 박사이기도 한 그가 남긴 가장 큰 발자국은 '치료' 그 자체보다, 변화의 시작점에 있었다. 가주 한의사협회회장 시절, 미국 내 의료제도 개혁의 흐름 속에서 한의학이 소외

되지 않도록 앞장섰다. 오바마케어에 한방치료를 포함시키기 위한 서명운동을 주도하고, 연방 보건복지부와 정치권을 직접 설득했다. 이는 단지 제도 개선이 아니라, 한의학의 사회적 위상을 끌어올리는 중요한 전환점이었다.

그럼에도 그는 한 번도 자신의 업적을 내세우지 않았다. 사람을 먼저 보고, 환자의 통증을 줄이는 것이 한의사의 길이라 믿었기 때문이다. 오늘날 의료계 일부에서는 '권익'을 내세워 거리로 나오는 일이 많아졌지만, 유도열 원장과 같은 이들은 약손으로 말한다. 화타와 허준, 대장금의 정신을 기억하며, 본연의 길에서 벗어나지 않는다.

이제 그는 미국에서의 긴 여정을 마무리하고, 조국으로 돌아갈 준비를 하고 있다. 한국의 농촌과 의료 사각지대를 돌며, 남은 생을 의료 봉사와 전도 활동에 바치겠다는 것이다.

귀국을 선택한 그의 마음속에는 진한 애국심이 자리하고 있었다. 이것은 고국을 위해 헌신하겠다는 의지이며, 한의학으로 받은 은혜를 되갚고자 하는 책임감이다.

어쩌면 유도열 원장의 침은 이제 단순한 치료의 도구가 아니다. 그것은 사랑의 언어이자, 시대를 넘어선 애국의 도구이기도 하다. 그의 약손은 여전히 따뜻하다. 그리고 우리는, 그런 사람을 '진짜 의사'라 부른다.

05
거북이의 철학,
이도훈 대전 이엘치과원장

　치과병원이 넘쳐나는 시대다. 간판만 봐도 환자들은 선택 장애를 일으킬 만큼 많다. 하지만 병원의 수보다 더 중요한 건 그 병원을 이끄는 '마음의 방향'이다. 수많은 경쟁 속에서도 한결같이 자신만의 철학과 길을 걸어가는 병원이 있다. 바로 대전 신탄진에 위치한 이엘치과, 그리고 그곳을 지키는 이도훈 원장 이야기다.

　이엘치과의 운영 철학은 간단명료하다. 단기적 수익에 연연하지 않고, 유아부터 노인까지 평생 치아 건강을 책임지겠다는 신념 아래 그는 오랜 시간 치과 교육과 기부활동, 장학사업에 힘을 쏟아왔다.
　실제 이엘치과는 수년간 장학금을 기탁해왔으며, 어려운 이웃과 탈북민, 세계잼버리 외국 대표단에까지 물심양면으로 지원을 아끼지 않았다. 그에게 있어 치과의사의 역할은 진료실에만 머물지 않는다. 교육, 나눔, 봉사, 그 모든 것이 이도훈 원장의 '치과'다.

대전 이엘치과 이도훈 병원장(왼쪽)

그의 철학은 이솝우화 속 거북이와 닮아있다. 토끼처럼 눈앞의 경쟁자만 바라보며 속도전으로 승부를 보는 대신, 그는 오직 목표만 보고 한 걸음씩 내딛는다. 남이 뭐라 하든, 비교하지 않는다. 조용히, 그러나 깊고 꾸준하게 자신의 길을 간다.

그 목표는 분명하다. 돈이 아닌 사람, 경쟁이 아닌 교육, 그리고 소유가 아닌 나눔이다. 수많은 치과병원이 진료 수익과 외형 확장에 몰두할 때, 그는 지역 아이들의 치아 건강을 위해 교육 콘텐츠를 개발하고, 청소년과 노인을 위한 장학금과 의료 나눔에 힘을 쏟는다.

지금도 그는 자신의 고향 대전을 위해 매년 수천만 원을 기부하며, 대한민국의 미래를 향해 묵묵히 투자하고 있다. 그가 행하는 모든 활동은 '대한민국 국민'으로서 자신이 해야 할 책임이자 자부심에서 비롯된 것이다.

진정한 애국심이란 거창한 구호나 목소리가 아니다. 내가 할 수 있는 자리에서, 조용히 묵묵히 내가 할 수 있는 일을 해나가는 것이다.

오늘도 이도훈 원장은 진료실에서 환자를 맞이하고, 강의실에서 구강교육을 준비하며, 장학금 수여식에서 누군가의 어깨를 다독인다. 그가 걸어온 길이 바로, 우리가 다시 기억해야 할 '국민 의료인'의 모습이다.

06
건설 현장의 절규,
누가 이들의 편이 되어줄 것인가

대한민국 산업의 뼈대를 이루는 건설업. 그 중심엔 언제나 땀 흘리는 노동자들이 있다. 그러나 오늘도 이들은 부당한 계약, 일방적인 대금체불, 갑질로 인해 삶의 터전이 흔들리고 있다. 겉으로는 웅장한 아파트가 올라가고, 도시는 발전하는 듯 보이지만 그 그림자엔 노동자 가족의 눈물과 하청업체의 절망이 깊게 드리워져 있다.

최근 대황건설사 대표가 필자를 찾아왔다. 서울에서 진행 중인 제일건설㈜ '풍경채' 현장에 200억 원이 넘는 공사대금을 지급받지 못한 채 벼랑 끝에 몰렸다는 것이다. 그의 말에서 가족과 직원들의 생계가 걸린 절박함이 묻어났다.

처음엔 일시적인 오해일 수 있다고 생각했다. 그러나 대황건설 대표는 두 번, 세 번 다시 찾아왔고, 결국 필자는 제일건설 본사에 네 차례나 전화를 걸었다. 대표를 직접 만나 문제를 논의하고자 했지만 끝내 답은 돌아오지 않았다.

문제는 이 사례가 결코 특수한 일이 아니라는 데 있다. 현장의 하청업체들은 대기업의 권력 구조 속에서 늘 '을'의 입장에서 살아남기 위해 고군분투한다. 공사 시작 전엔 계약 조건을 일방적으로 통보받고, 공사 완료 후엔 대금을 받기 위해 눈물겹게 싸워야 한다.

심지어 일부 대형 건설사는 내부 임원의 지위를 내세워 금품을 요구하거나, 말 잘 듣는 업체엔 혜택을, 그렇지 않은 업체엔 부당한 페널티를 가하는 방식으로 시장을 좌우하고 있다.

건설 현장의 불공정 관행은 바로잡아야 한다.

공사대금 체불은 곧 수많은 노동자 가정의 붕괴로 이어진다. 월급이 밀리면 아이의 학비가 끊기고, 대출금이 연체되며, 노후를 꿈꾸던 삶은 빚으로 얼룩진다. 산업의 밑바닥을 지탱하는 사람들이 쓰러지면 결국 국가경제의 기반이 흔들릴 수밖에 없다.

이 절박한 노동의 현실을 해결할 수 있는 사람은 김문수밖에 없다. 그는 경사노위 위원장 재임 시절, '중대재해 예방을 위한 노사정 합의문'과 '지속가능한 일자리와 미래세대를 위한 사회적 대화의 원칙과 방향 선언문'을 이끌어냈고, 고용노동부 장관으로서는 임금체불 근절, 육아휴직 급여 확대, 노동약자 보호 등 민생 중심 정책을 추진하며 약자와의 동행을 실천했다.

무엇보다 김문수는 노동운동가 출신으로, 누구보다도 땀 흘리는 현장의 언어와 고통을 이해하는 인물이다. 말이 아닌 실천, 보여주기식 행정이 아닌 실제 변화를 만들어낸 그의 이력은 지금 이 위기를 타개할 수 있는 유일한 해답이다.

지금 대한민국의 건설 현장이 절규하고 있다. 이들의 목소리에 귀를 기울이고, 이들의 편에 서서, 다시 한번 '노동의 희망'을 복원할 사람, 그가 바로 김문수다.

Epilogue

"바통은 이제 우리에게"

이 책은 김문수라는 한 인물의 삶을 통해 대한민국 정치의 흐름을 되짚는 여정이다.

그의 경험은 곧 이 땅의 민주화 과정, 산업화, 보수와 진보의 충돌, 국민의 좌절과 희망이 교차한 생생한 기록이다.

그러나 김문수의 여정은 과거로만 수렴되지 않는다.

그가 오늘날 다시 주목받는 이유는, 여전히 대한민국이 해결하지 못한 질문들과 마주하고 있기 때문이다.

특히 그는 최근 대통령 탄핵 인용이라는 중대한 헌정사적 순간 앞에서, 다시금 깊은 성찰을 담은 발언을 남겼다. 그 발언은 오랜 세월 민주주의를 위해 싸웠던 이로서의 근본적인 문제 제기였다.

"5천만 국민이 직접 뽑은 대통령을 국회의원 200명과 헌법재판관 8명이 파면하는 것이 과연 민주주의인가?"

"직선제 대통령제를 위해 얼마나 많은 국민이 피 흘리며 싸웠는가? 체육관 선거를 거부하고 직접 선거를 요구했던 그 뜨거운 열망은 어디로 갔는가?"

탄핵 인용 직후, 긴급 기자회견에서 김문수 장관과 함께한 필자 김용복

김문수는 언제나 헌법과 민주주의의 본질에 대한 질문을 던져왔다. 과거와 현재의 경계에 서서, 정치가 어느 방향으로 가야 하는지 끊임없이 되묻고 있다.

지금 대한민국 정치가 나아가는 방향은 과연 올바른가?
우리의 민주주의는 과연 그 본래의 정신을 지켜가고 있는가?
이 나라 헌법의 근간은 무너지고 있지 않은가?

이 책은 그 질문에 대한 답이자, 또 다른 질문의 출발이다.
김문수가 살아온 길은 한 시대의 요약이었고, 그가 지금 말하고 있는 문제는 다음 시대의 바로미터가 될 것이다.

우리는 어떤 리더를 원하는가?

우리는 어떤 정치를 선택할 것인가?

우리는 어떤 민주주의를 후대에 물려줄 것인가?

이제, 그 바통은 우리에게 넘어왔다.

김문수가 올곧게 걸어온 길이 그랬듯, 앞으로 우리가 내리는 판단이 대한민국 민주주의의 다음 장을 결정할 것이다.

여러분의 현명한 선택을 기대한다.

2025년 4월 8일 대선 출마를 위해 사의를 표명한 김문수 고용노동부 장관이, 정부세종청사에서 열린 이임식에서 세종TV 김용복 주필에게 꽃다발을 주고 있다.

김문수, 대선 출마 선언

김문수가 2025년 4월 9일 21대 대선 출마를 선언했다. 노동자의 손으로 정치를 시작해, 입법과 행정을 두루 경험한 리더. 그리고 이제, 무너진 체제의 균형을 바로 세우기 위해 다시금 국민 앞에 섰다. "12가지 죄목으로 재판받고 있는 피고인 이재명을 상대할 사람은 깨끗한 손을 가진 김문수밖에 없다." 그 자신감의 배경에는 수십 년간의 무결한 정치 행보와 위기를 돌파한 실천의 이력이 있다.

김문수는 기자회견을 통해 지금의 대한민국을 '자유민주주의의 정체성이 위협받는 체제전쟁의 시대'라 진단했다. 친북·반미·친중·반기업적 기조로 일관해온 일부 세력이 국가의 근간을 무너뜨리고 있다는 것이다. 이러한 현실 속에서 그는 '자유민주 대한민국'을 지켜낼 유일한 후보임을 선언하며, 흔들림 없는 국가철학과 실천력을 동시에 보여주겠다고 다짐했다.

그의 언어는 거침없다. "거짓말하지 않는 정치인, 돈 앞

김문수 전 고용노동부 장관이 제21대 대통령 경선후보 출마 선언을 하고 있다.

에서 자유로운 정치인, 그 사람이 김문수"라는 말은 수사 이상의 설득력을 지닌다. 수십 년간 정치판을 지켜봐 온 국민이 가장 목말라하는 리더의 조건, 바로 도덕성과 단호함. 그 두 가지를 동시에 갖춘 인물은 흔치 않다.

김문수의 메시지는 '반(反)이재명' 구도에 그치지 않는다. 그는 AI 기반 학습 시스템, 핵추진 잠수함 개발, 국민연금 재개혁, 실업급여 확대 등 대한민국 미래를 위한 비전도 구체적으로 제시했다. 동시에 대연정과 대통합도 필요하다며, 실용과 통합의 정치를 강조한 점 역시 주목할 만하다.

김문수 전 고용노동부 장관이 국민의힘 권영세 비상대책위원장, 권성동 원내대표를 만나 입당원서를 전달하고 있다

정치는 선택이다. 지금처럼 나라의 뿌리가 흔들리고, 국민의 분열이 극에 달한 시기에는 더욱 그렇다. 김문수는 단순히 정권 교체를 말하지 않는다. 그는 체제 회복과 신뢰 회복을 말한다. 대한민국을 다시 세우는 일, 그 출발점에 김문수가 있다.

좋은 **원고**나 **출판 기획**이 있으신 분은 언제든지 **행복에너지**의 문을 두드려 주시기 바랍니다
ksbdata@hanmail.net　　www.happybook.or.kr　　문의 ☎ 010-3267-6277

'행복에너지'의 해피 대한민국 프로젝트!

〈모교 책 보내기 운동〉 〈군부대 책 보내기 운동〉

한 권의 책은 한 사람의 인생을 바꾸는 힘을 가지고 있습니다. 한 사람의 인생이 바뀌면 한 나라의 국운이 바뀝니다. 그럼에도 불구하고 많은 학교의 도서관이 가난하며 나라를 지키는 군인들은 사회와 단절되어 자기계발을 하기 어렵습니다. 저희 행복에너지에서는 베스트셀러와 각종 기관에서 우수도서로 선정된 도서를 중심으로 〈모교 책 보내기 운동〉과 〈군부대 책 보내기 운동〉을 펼치고 있습니다. 책을 제공해 주시면 수요기관에서 감사장과 함께 기부금 영수증을 받을 수 있어 좋은 일에 따르는 적절한 세액 공제의 혜택도 뒤따르게 됩니다. 대한민국의 미래, 젊은이들에게 좋은 책을 보내주십시오. 독자 여러분의 자랑스러운 모교와 군부대에 보내진 한 권의 책은 더 크게 성장할 대한민국의 발판이 될 것입니다.

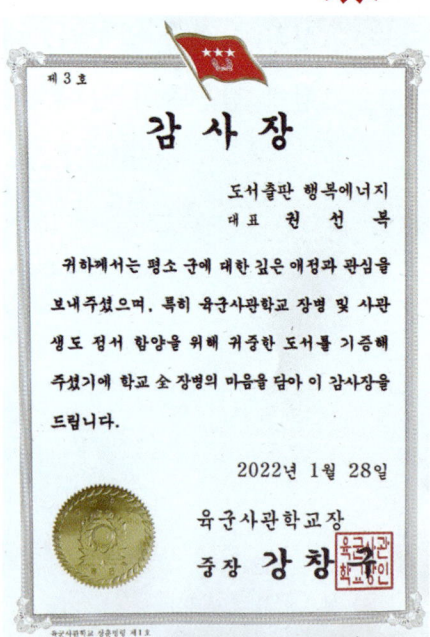